法律法规大字实用版系列

中华人民共和国
劳动争议调解仲裁法

·大字实用版·

法律出版社法规中心 编

法律出版社
LAW PRESS·CHINA
北京

图书在版编目(CIP)数据

中华人民共和国劳动争议调解仲裁法：大字实用版／法律出版社法规中心编．-- 北京：法律出版社，2023(2025.3 重印)
(法律法规大字实用版系列)
ISBN 978-7-5197-7870-5

Ⅰ.①中… Ⅱ.①法… Ⅲ.①劳动争议调解仲裁法-中国 Ⅳ.①D922.591

中国国家版本馆 CIP 数据核字(2023)第 069898 号

中华人民共和国劳动争议调解仲裁法
(大字实用版)
ZHONGHUA RENMIN GONGHEGUO
LAODONG ZHENGYI TIAOJIE ZHONGCAIFA
(DAZI SHIYONGBAN)

法律出版社法规中心 编

责任编辑 李 群 赵雪慧
装帧设计 汪奇峰

出版发行 法律出版社
编辑统筹 法规出版分社
责任校对 张红蕊
责任印制 耿润瑜
经 销 新华书店

开本 A5
印张 4　字数 95 千
版本 2023 年 6 月第 1 版
印次 2025 年 3 月第 4 次印刷
印刷 固安华明印业有限公司

地址:北京市丰台区莲花池西里 7 号(100073)
网址:www.lawpress.com.cn
投稿邮箱:info@lawpress.com.cn
举报盗版邮箱:jbwq@lawpress.com.cn
销售电话:010-83938349
客服电话:010-83938350
咨询电话:010-63939796

书号:ISBN 978-7-5197-7870-5
定价:18.00 元
凡购买本社图书,如有印装错误,我社负责退换。电话:010-83938349

编辑出版说明

“法者，天下之准绳也。”在法治社会，人们与其生活的社会发生的所有关系，莫不以法律为纽带和桥梁。人与人之间即是各种法律关系的总和。为帮助广大读者学法、知法、守法、用法，我们组织专业力量精心编写了“法律法规大字实用版系列”丛书。本丛书具有以下特点：

1. 专业。出版机构专业：成立于1954年的法律出版社，是全国首家法律专业出版机构，有专业的法律编辑队伍和标准的法律文本资源。内容专业：书中的名词解释、实用问答理据权威、精准专业；典型案例均来自最高人民法院、最高人民检察院发布的指导案例、典型案例以及地方法院发布的经典案例，在实践中起到指引法官“同案同判”的作用，具有很强的参考性。

2. 全面。全书以主体法为编写主线，在法条下辅之以条文主旨、名词解释、实用问答、典型案例，囊括了该条的标准理论阐释和疑难实务问题，帮助读者全面构建该条的立体化知识体系。

3. 实用。实用问答模块以一问一答的方式解答实务中的疑难问题，读者可按图索骥获取解决实务问题的答案；典型案例模块精选与条文密切相关的经典案例，在书中呈现裁判要旨，读者可按需扫描案例二维码获取案例全文。

4. 易读。采用大字排版、双色印刷，易读不累，清晰疏朗，提升了阅读体验感；波浪线标注条文重点，帮助读者精准捕捉条文要义。

书中可能尚存讹误，不当之处，尚祈读者批评指正。

法律出版社法规中心

2023年6月

目　录

中华人民共和国劳动争议调解仲裁法

第一章　总则 …… 002

第一条　《劳动争议调解仲裁法》的立法目的 …… 002

第二条　《劳动争议调解仲裁法》的适用范围 …… 002

第三条　解决劳动争议应当遵循的原则 …… 005

第四条　劳动争议当事人的协商和解 …… 005

第五条　劳动争议处理制度 …… 005

第六条　当事人在劳动争议发生后的举证责任 …… 006

第七条　推举代表参加调解、仲裁或者诉讼活动 …… 007

第八条　协调劳动关系三方机制 …… 007

第九条　拖欠劳动报酬等争议的行政救济 …… 008

第二章　调解 …… 009

第十条　劳动争议调解组织 …… 009

第十一条　担任劳动争议调解组织的调解员的条件 …… 010

第十二条　劳动争议调解申请的形式 …… 010

第十三条　劳动争议调解的基本原则 …… 010

第十四条　调解协议书及其效力 …… 010

第十五条　不履行调解协议可以申请仲裁 …………………… 011
第十六条　劳动者可以向人民法院申请支付令 ……………… 011
第三章　仲裁 ………………………………………………… 013
第一节　一般规定 ……………………………………………… 013
第十七条　劳动争议仲裁委员会的设立 ……………………… 013
第十八条　对于劳动争议，国务院劳动行政部门和省、自治区、直辖市人民政府劳动行政部门的职责 …… 014
第十九条　劳动争议仲裁委员会的组成及职责 ……………… 014
第二十条　劳动争议仲裁员名册和仲裁员任职条件 ……… 014
第二十一条　劳动争议仲裁案件的管辖 ……………………… 016
第二十二条　劳动争议仲裁案件的当事人 …………………… 018
第二十三条　劳动争议仲裁案件的第三人 …………………… 021
第二十四条　委托代理人参加仲裁活动 ……………………… 021
第二十五条　法定代理和指定代理 …………………………… 022
第二十六条　劳动争议仲裁公开进行及其例外情形 ……… 023
第二节　申请和受理 …………………………………………… 023
第二十七条　申请仲裁的时效期间 …………………………… 023
第二十八条　申请仲裁的情形以及仲裁申请书的内容 …… 024
第二十九条　仲裁申请的受理和不予受理 …………………… 025
第三十条　送达仲裁申请书与提交仲裁答辩书 …………… 027
第三节　开庭和裁决 …………………………………………… 028
第三十一条　仲裁庭组成 ……………………………………… 028
第三十二条　劳动争议仲裁委员会书面通知仲裁庭组成情况 ………………………………………………… 028
第三十三条　仲裁员回避制度 ………………………………… 029
第三十四条　仲裁员的法律责任 ……………………………… 030

第三十五条 开庭通知与延期开庭 …… 031
第三十六条 当事人无正当理由拒不到庭或者未经仲裁庭同意中途退庭 …… 031
第三十七条 劳动争议仲裁中的鉴定问题 …… 032
第三十八条 劳动争议仲裁中的质证和辩论问题 …… 033
第三十九条 证据及举证责任 …… 033
第四十条 劳动争议仲裁开庭笔录 …… 034
第四十一条 劳动争议仲裁中当事人自行和解 …… 034
第四十二条 先行调解 …… 035
第四十三条 仲裁审理期限及先行裁决 …… 036
第四十四条 可以裁决先予执行的案件 …… 036
第四十五条 作出仲裁裁决 …… 037
第四十六条 裁决书的内容和形式 …… 037
第四十七条 一裁终局的案件 …… 037
第四十八条 劳动者不服一裁终局案件的裁决提起诉讼的期限 …… 039
第四十九条 用人单位不服一裁终局案件的裁决可以诉请撤销的条件 …… 040
第五十条 其他不服仲裁裁决提起诉讼的期限 …… 043
第五十一条 当事人对发生法律效力的调解书、裁决书的履行和申请执行 …… 044
第四章 附则 …… 045
第五十二条 事业单位劳动争议处理的法律适用 …… 045
第五十三条 劳动争议仲裁不收费 …… 045
第五十四条 施行时间 …… 046

附录一

劳动人事争议典型案例（第二批）……………………… 047

检察机关依法惩治拒不支付劳动报酬犯罪典型案例 ……………… 067

附录二

最高人民法院关于审理劳动争议案件适用法律问题的解释（一）（2020年12月29日）………………………… 082

劳动人事争议仲裁组织规则（2017年5月8日）……………… 095

劳动人事争议仲裁办案规则（2017年5月8日）……………… 102

中华人民共和国
劳动争议调解仲裁法

- 2007年12月29日第十届全国人民代表大会常务委员会第三十一次会议通过

- 2007年12月29日中华人民共和国主席令第八十号公布

- 自2008年5月1日起施行

第一章　总　　则

◆ 第一条　《劳动争议调解仲裁法》的立法目的*

为了公正及时解决劳动争议，保护当事人合法权益，促进劳动关系和谐稳定，制定本法。

名词解释

劳动争议　也称“劳动纠纷”“劳资争议”，是指用人单位与劳动者在执行劳动方面的法律、法规和劳动合同、集体合同的过程中，因劳动的权利义务发生分歧而引起的争议。

◆ 第二条　《劳动争议调解仲裁法》的适用范围

中华人民共和国境内的用人单位与劳动者发生的下列劳动争议，适用本法：

（一）因确认劳动关系发生的争议；

（二）因订立、履行、变更、解除和终止劳动合同发生的争议；

（三）因除名、辞退和辞职、离职发生的争议；

（四）因工作时间、休息休假、社会保险、福利、培训以及

* 条文主旨为编者所加，下同。

劳动保护发生的争议；

（五）因劳动报酬、工伤医疗费、经济补偿或者赔偿金等发生的争议；

（六）法律、法规规定的其他劳动争议。

名词解释

劳动关系 用人单位招用劳动者为其成员，劳动者在用人单位的管理下提供有报酬的劳动而产生的权利义务关系。

劳动合同 劳动者与用人单位确立劳动关系、明确双方权利和义务的协议。

辞退 用人单位依照法律规定的条件和程序，解除与其工作人员的工作关系的行为。

辞职 劳动者根据本人意愿，请求辞去所担任的职务，解除与所在单位的工作关系的行为。

离职 劳动者离开工作岗位，解除与所在单位的劳动关系的行为。

实用问答

1. 劳动者与用人单位之间发生的哪些劳动争议，当事人不服劳动争议仲裁机构作出的裁决，依法提起诉讼的，人民法院应予受理？

答：根据《最高人民法院关于审理劳动争议案件适用法律问题的解释（一）》第1条的规定，劳动者与用人单位之间发生的下列纠纷，属于劳动争议，当事人不服劳动争议仲裁机构作出的裁决，依法提起诉讼的，人民法院应予受理：（1）劳动者与用人单位在履行劳动合同过程中发生的纠纷；（2）劳动者与用人单位之间没有订立书面劳动合同，但已形成劳动关系后发生的纠纷；（3）劳动者与用人单位因劳动关系是否已经解除或者终止，以及应否支付解除或者终止劳动关系经济补偿金发生的纠纷；（4）劳动者与用人单位解除或者终止劳动关系后，请求用人单位返还其收取的劳动合同定金、保证金、抵押金、抵押物发生的纠纷，或者办理劳动者的人事档案、社会保险关系等移转手续发生的纠纷；（5）劳动者以用人单位未为其办理社会保险手续，且社会保险经办机构不能补办导致其无法享受社会保险待遇为由，要求用人单位赔偿损失发生的纠纷；（6）劳动者退休后，与尚未参加社会保险统筹的原用人单位因追索养老金、医疗费、工伤保险待遇和其他社会保险待遇而发生的纠纷；（7）劳动者因为工伤、职业病，请求用人单位依法给予工伤保险待遇发生的纠纷；（8）劳动者依据《劳动合同法》第85条规定，要求用人单位支付加付赔偿金发生的纠纷；（9）因企业自主进行改制发生的纠纷。

2. 哪些纠纷不属于劳动争议？

答：根据《最高人民法院关于审理劳动争议案件适用法律问题的解释（一）》第2条的规定，下列纠纷不属于劳动争议：（1）劳动者请求社会保险经办机构发放社会保险金的纠纷；（2）劳动者与用人单位因住房制度改革产生的公有住房转让纠纷；（3）劳动者对劳动能力鉴定委员会的伤残等级鉴定结论或者对职业病诊断鉴定委员会的职业病诊断鉴定结论的异议纠纷；（4）家庭或者个人与家政服务人员之间的纠纷；（5）个体工匠与帮工、学徒之间的纠纷；（6）农村承包经营户与受雇人之间的纠纷。

◆ 第三条 解决劳动争议应当遵循的原则

解决劳动争议，应当根据事实，遵循合法、公正、及时、着重调解的原则，依法保护当事人的合法权益。

◆ 第四条 劳动争议当事人的协商和解

发生劳动争议，劳动者可以与用人单位协商，也可以请工会或者第三方共同与用人单位协商，达成和解协议。

名词解释

劳动争议协商 劳动争议双方当事人就协调劳动关系、解决劳动争议进行商谈的行为。

◆ 第五条 劳动争议处理制度

发生劳动争议，当事人不愿协商、协商不成或者达成和解协议后不履行的，可以向调解组织申请调解；不愿调解、调解不成或者达成调解协议后不履行的，可以向劳动争议仲裁委员会申请仲裁；对仲裁裁决不服的，除本法另有规定的外，可以向人民法院提起诉讼。

实用问答

劳动者与用人单位均不服劳动争议仲裁机构的同一裁决，向人民法院起诉的，应当如何处理？

答：根据《最高人民法院关于审理劳动争议案件适用法律问题的解释（一）》第4条的规定，劳动者与用人单位均不服劳动争议仲裁机构的同一裁决，向同一人民法院起诉的，人民法院应当并案审理，双方当事人互为原告和被告，对双方的诉讼请求，人民法院应当一并作出裁决。在诉讼过程中，一方当事人撤诉的，人民法院应当根据另一方当事人的诉讼请求继续审理。双方当事人就同一仲裁裁决分别向有管辖权的人民法院起诉的，后受理的人民法院应当将案件移送给先受理的人民法院。

◆ 第六条 当事人在劳动争议发生后的举证责任

发生劳动争议，当事人对自己提出的主张，有责任提供证据。与争议事项有关的证据属于用人单位掌握管理的，用人单位应当提供；用人单位不提供的，应当承担不利后果。

实用问答

1. 劳动者主张加班费的，举证责任由谁承担？

答：根据《最高人民法院关于审理劳动争议案件适用法律问题的解释（一）》第42条的规定，劳动者主张加班费的，应当就加班事实的存在承担举证责任。但劳动者有证据证明用人单位掌握加班事实存在的证据，用人单位不提供的，由用人单位承担不利后果。

2. 在劳动争议纠纷案件中，哪些情况下由用人单位负责举证？

答：根据《最高人民法院关于审理劳动争议案件适用法律问题的解释（一）》第44条的规定，因用人单位作出的开除、除名、辞退、解除劳动合同、减少劳动报酬、计算劳动者工作年限等决定而发生的劳动争议，用人单位负举证责任。

典型案例

蛀埠日报社诉于某芳劳动争议纠纷案[①]

要旨： 诉权具有公法属性，不属于私法自治的范畴，放弃诉权的约定不属于《合同法》[②]调整的范畴，不具有法律效力。

◆ 第七条　推举代表参加调解、仲裁或者诉讼活动

发生劳动争议的劳动者一方在十人以上，并有共同请求的，可以推举代表参加调解、仲裁或者诉讼活动。

实用问答

在什么情形下仲裁委员会应当优先立案，优先审理？

答： 根据《劳动人事争议仲裁办案规则》第 5 条的规定，劳动者一方在 10 人以上并有共同请求的争议，或者因履行集体合同发生的劳动争议，仲裁委员会应当优先立案，优先审理。

◆ 第八条　协调劳动关系三方机制

县级以上人民政府劳动行政部门会同工会和企业方面代表建立协调劳动关系三方机制，共同研究解决劳动争议的重大问题。

---

① 参见安徽省蚌埠市中级人民法院（2015）蚌民一终字第 01089 号民事判决书。

② 《合同法》已失效，现为《民法典》合同编。

◆ 第九条　拖欠劳动报酬等争议的行政救济

用人单位违反国家规定，拖欠或者未足额支付劳动报酬，或者拖欠工伤医疗费、经济补偿或者赔偿金的，劳动者可以向劳动行政部门投诉，劳动行政部门应当依法处理。

实用问答

劳动保障行政部门对哪些事项实施劳动保障监察？

答：根据《劳动保障监察条例》第11条的规定，劳动保障行政部门对下列事项实施劳动保障监察：（1）用人单位制定内部劳动保障规章制度的情况；（2）用人单位与劳动者订立劳动合同的情况；（3）用人单位遵守禁止使用童工规定的情况；（4）用人单位遵守女职工和未成年工特殊劳动保护规定的情况；（5）用人单位遵守工作时间和休息休假规定的情况；（6）用人单位支付劳动者工资和执行最低工资标准的情况；（7）用人单位参加各项社会保险和缴纳社会保险费的情况；（8）职业介绍机构、职业技能培训机构和职业技能考核鉴定机构遵守国家有关职业介绍、职业技能培训和职业技能考核鉴定的规定的情况；（9）法律、法规规定的其他劳动保障监察事项。

第二章 调 解

◆ 第十条 劳动争议调解组织

发生劳动争议，当事人可以到下列调解组织申请调解：

（一）企业劳动争议调解委员会；

（二）依法设立的基层人民调解组织；

（三）在乡镇、街道设立的具有劳动争议调解职能的组织。

企业劳动争议调解委员会由职工代表和企业代表组成。职工代表由工会成员担任或者由全体职工推举产生，企业代表由企业负责人指定。企业劳动争议调解委员会主任由工会成员或者双方推举的人员担任。

实用问答

1. 企业劳动争议调解委员会的职责有哪些？

答：根据《工会参与劳动争议处理办法》第15条的规定，企业劳动争议调解委员会履行下列职责：（1）宣传劳动保障法律、法规和政策；（2）对本企业发生的劳动争议进行调解；（3）监督和推动和解协议、调解协议的履行；（4）聘任、解聘和管理调解员；（5）参与协调履行劳动合同、集体合同、执行企业劳动规章制度等方面出现的问题；（6）参与研究涉及劳动者切身利益的重大方案；（7）协助企业建立劳动争议预防预警机制；（9）法律、法规规定的其他事项。

2. 工会工作者担任劳动争议调解员的职责有哪些？

答：根据《工会参与劳动争议处理办法》第16条的规定，工会工作者担任劳动争议调解员主要履行以下职责：（1）关注用人单位或者行业劳动关系状况，及时向劳动争议调解委员会报告；（2）接受劳动争议调解委员会指派，调解劳动争议案件；（3）保障当事人实现自愿调解、申请回避和申请仲裁的权利；（4）自调解组织收到调解申请之日起15日内结束调解，到期未结束的或者当事人明确表示不愿意接受调解的，视为调解不成，告知当事人可以申请仲裁；（5）监督和解协议、调解协议的履行；（6）及时做好调解文书及案卷的整理归档工作；（7）完成调解委员会交办的其他工作。

◆ 第十一条　担任劳动争议调解组织的调解员的条件

劳动争议调解组织的调解员应当由公道正派、联系群众、热心调解工作，并具有一定法律知识、政策水平和文化水平的成年公民担任。

◆ 第十二条　劳动争议调解申请的形式

当事人申请劳动争议调解可以书面申请，也可以口头申请。口头申请的，调解组织应当当场记录申请人基本情况、申请调解的争议事项、理由和时间。

◆ 第十三条　劳动争议调解的基本原则

调解劳动争议，应当充分听取双方当事人对事实和理由的陈述，耐心疏导，帮助其达成协议。

◆ 第十四条　调解协议书及其效力

经调解达成协议的，应当制作调解协议书。

调解协议书由双方当事人签名或者盖章，经调解员签名并加盖调解组织印章后生效，对双方当事人具有约束力，当事人应当履行。

自劳动争议调解组织收到调解申请之日起十五日内未达成调解协议的，当事人可以依法申请仲裁。

◆ 第十五条 不履行调解协议可以申请仲裁

达成调解协议后，一方当事人在协议约定期限内不履行调解协议的，另一方当事人可以依法申请仲裁。

◆ 第十六条 劳动者可以向人民法院申请支付令

因支付拖欠劳动报酬、工伤医疗费、经济补偿或者赔偿金事项达成调解协议，用人单位在协议约定期限内不履行的，劳动者可以持调解协议书依法向人民法院申请支付令。人民法院应当依法发出支付令。

实用问答

申请支付令的费用的交付标准是什么？

答：根据《诉讼费用交纳办法》第 14 条第 3 项的规定，依法申请支付令的，比照财产案件受理费标准的 1/3 交纳。关于财产案件受理费的标准，根据《诉讼费用交纳办法》第 13 条第 1 项的规定，财产案件根据诉讼请求的金额或者价额，按照下列比例分段累计交纳：（1）不超过 1 万元的，每件交纳 50 元；（2）超过 1 万元至 10 万元的部分，按照 2.5% 交纳；（3）超过 10 万元至 20 万元的部分，按照 2% 交纳；（4）超过 20 万元至 50 万元的部分，按照 1.5% 交纳；（5）超过 50 万元至 100 万元的部分，按照 1% 交纳；（6）超过 100 万元至 200 万元的部分，按照 0.9% 交纳；（7）超过

200 万元至 500 万元的部分，按照 0.8% 交纳；（8）超过 500 万元至 1000 万元的部分，按照 0.7% 交纳；（9）超过 1000 万元至 2000 万元的部分，按照 0.6% 交纳；（10）超过 2000 万元的部分，按照 0.5% 交纳。

第三章 仲 裁

第一节 一 般 规 定

◆ 第十七条 劳动争议仲裁委员会的设立

劳动争议仲裁委员会按照统筹规划、合理布局和适应实际需要的原则设立。省、自治区人民政府可以决定在市、县设立；直辖市人民政府可以决定在区、县设立。直辖市、设区的市也可以设立一个或者若干个劳动争议仲裁委员会。劳动争议仲裁委员会不按行政区划层层设立。

名词解释

劳动争议仲裁委员会 依法设立的，由法律授权依法独立对劳动争议案件进行仲裁的专门机构。劳动争议仲裁委员会是由人民政府依照《劳动争议调解仲裁法》的有关规定决定设立的代表国家行使仲裁权的国家仲裁机构。

实用问答

仲裁委员会的职责是什么？

答：根据《劳动人事争议仲裁组织规则》第 7 条的规定，仲裁委员会依法履行下列职责：（1）聘任、解聘专职或者兼职仲裁员；（2）受理争议案件；（3）讨论重大或者疑难的争议案件；（4）监督本仲裁委员会的仲裁活动；（5）制定本仲裁委员会的工作规则；（6）其他依法应当履行的职责。

◆ 第十八条　对于劳动争议，国务院劳动行政部门和省、自治区、直辖市人民政府劳动行政部门的职责

国务院劳动行政部门依照本法有关规定制定仲裁规则。省、自治区、直辖市人民政府劳动行政部门对本行政区域的劳动争议仲裁工作进行指导。

◆ 第十九条　劳动争议仲裁委员会的组成及职责

劳动争议仲裁委员会由劳动行政部门代表、工会代表和企业方面代表组成。劳动争议仲裁委员会组成人员应当是单数。

劳动争议仲裁委员会依法履行下列职责：

（一）聘任、解聘专职或者兼职仲裁员；

（二）受理劳动争议案件；

（三）讨论重大或者疑难的劳动争议案件；

（四）对仲裁活动进行监督。

劳动争议仲裁委员会下设办事机构，负责办理劳动争议仲裁委员会的日常工作。

◆ 第二十条　劳动争议仲裁员名册和仲裁员任职条件

劳动争议仲裁委员会应当设仲裁员名册。

仲裁员应当公道正派并符合下列条件之一：

（一）曾任审判员的；

（二）从事法律研究、教学工作并具有中级以上职称的；

（三）具有法律知识、从事人力资源管理或者工会等专业工作满五年的；

（四）律师执业满三年的。

实用问答

1. 仲裁委员会的仲裁员从何而来？

答：根据《劳动人事争议仲裁组织规则》第18条的规定，仲裁员是由仲裁委员会聘任、依法调解和仲裁争议案件的专业工作人员。仲裁员分为专职仲裁员和兼职仲裁员。专职仲裁员和兼职仲裁员在调解仲裁活动中享有同等权利，履行同等义务。兼职仲裁员进行仲裁活动，所在单位应当予以支持。

根据《劳动人事争议仲裁组织规则》第19条的规定，仲裁委员会应当依法聘任一定数量的专职仲裁员，也可以根据办案工作需要，依法从干部主管部门、人力资源社会保障行政部门、军队文职人员工作管理部门、工会、企业组织等相关机构的人员以及专家学者、律师中聘任兼职仲裁员。

2. 仲裁员享有哪些权利？

答：根据《劳动人事争议仲裁组织规则》第20条的规定，仲裁员享有以下权利：（1）履行职责应当具有的职权和工作条件；（2）处理争议案件不受干涉；（3）人身、财产安全受到保护；（4）参加聘前培训和在职培训；（5）法律、法规规定的其他权利。

3. 仲裁员应当履行哪些义务？

答：根据《劳动人事争议仲裁组织规则》第21条的规定，仲裁员应当履行以下义务：（1）依法处理争议案件；（2）维护国家利益和公共利益，保护当事人合法权益；（3）严格执行廉政规定，恪守职业道德；（4）自觉接受监督；（5）法律、法规规定的其他义务。

4. 仲裁员有哪些情形时仲裁委员会应当予以解聘？

答：根据《劳动人事争议仲裁组织规则》第26条的规定，仲裁员有下列情形之一的，仲裁委员会应当予以解聘：（1）聘期届满不再续聘的；（2）在聘期内因工作岗位变动或者其他原因不再履行仲裁员职责的；（3）年度考核不合格的；（4）因违纪、违法犯罪不能继续履行仲裁员职责的；（5）其他应当解聘的情形。

5. 仲裁员不得有哪些行为？

答：根据《劳动人事争议仲裁组织规则》第33条的规定，仲裁员不得有下列行为：（1）徇私枉法，偏袒一方当事人；（2）滥用职权，侵犯当事人合法权益；（3）利用职权为自己或者他人谋取私利；（4）隐瞒证据或者伪造证据；（5）私自会见当事人及其代理人，接受当事人及其代理人的请客送礼；（6）故意拖延办案、玩忽职守；（7）泄露案件涉及的国家秘密、商业秘密和个人隐私或者擅自透露案件处理情况；（8）在受聘期间担任所在仲裁委员会受理案件的代理人；（9）其他违法违纪的行为。

◆ 第二十一条　劳动争议仲裁案件的管辖

劳动争议仲裁委员会负责管辖本区域内发生的劳动争议。

劳动争议由劳动合同履行地或者用人单位所在地的劳动争议仲裁委员会管辖。双方当事人分别向劳动合同履行地和用人单位所在地的劳动争议仲裁委员会申请仲裁的，由劳动合同履行地的劳动争议仲裁委员会管辖。

实用问答

1. 劳动合同履行地和用人单位所在地如何确定？

答：根据《劳动人事争议仲裁办案规则》第 8 条第 1 款的规定，劳动合同履行地为劳动者实际工作场所地，用人单位所在地为用人单位注册、登记地或者主要办事机构所在地。用人单位未经注册、登记的，其出资人、开办单位或者主管部门所在地为用人单位所在地。

2. 劳动争议案件受理后，劳动合同履行地或者用人单位所在地发生变化，是否改变仲裁的管辖？

答：根据《劳动人事争议仲裁办案规则》第 8 条第 3 款的规定，案件受理后，劳动合同履行地或者用人单位所在地发生变化的，不改变争议仲裁的管辖。

3. 仲裁委员会发现已受理案件不属于其管辖范围，其应当如何处理？

答：根据《劳动人事争议仲裁办案规则》第 9 条的规定，仲裁委员会发现已受理案件不属于其管辖范围的，应当移送至有管辖权的仲裁委员会，并书面通知当事人。对上述移送案件，受移送的仲裁委员会应当依法受理。受移送的仲裁委员会认为移送的案件按照规定不属于其管辖，或者仲裁委员会之间因管辖争议协商不成的，应当报请共同的上一级仲裁委员会主管部门指定管辖。

典型案例

瓦庄煤矿诉陈某要求按照约定的仲裁管辖提请仲裁被驳回案[①]

要旨：《劳动争议调解仲裁法》第21条第2款规定："劳动争议由劳动合同履行地或者用人单位所在地的劳动争议仲裁委员会管辖。双方当事人分别向劳动合同履行地和用人单位所在地的劳动争议仲裁委员会申请仲裁的，由劳动合同履行地的劳动争议仲裁委员会管辖。"该法条深刻体现了立法者对劳动者的关怀，即有利于劳动者申请仲裁、维护权利的精神。用人单位利用下属企业的劳动合同履行地和用人单位即总公司所在地相距遥远从而通过格式合同约定仲裁地，使劳动者申请劳动仲裁产生困难或障碍，劳动者又不予认可的，因违背了前述法条的精神，属于目的非法、本质非法的无效约定。

◆ 第二十二条　劳动争议仲裁案件的当事人

发生劳动争议的劳动者和用人单位为劳动争议仲裁案件的双方当事人。

劳务派遣单位或者用工单位与劳动者发生劳动争议的，劳务派遣单位和用工单位为共同当事人。

① 参见江苏省徐州市中级人民法院（2011）徐民终字第1585号民事判决书。

实用问答

1. 用工单位给被派遣劳动者造成损害的，劳务派遣单位和用工单位应当承担什么责任？

答：根据《劳动合同法》第92条的规定，违反《劳动合同法》规定，未经许可，擅自经营劳务派遣业务的，由劳动行政部门责令停止违法行为，没收违法所得，并处违法所得1倍以上5倍以下的罚款；没有违法所得的，可以处5万元以下的罚款。劳务派遣单位、用工单位违反《劳动合同法》有关劳务派遣规定的，由劳动行政部门责令限期改正；逾期不改正的，以每人5000元以上1万元以下的标准处以罚款，对劳务派遣单位，吊销其劳务派遣业务经营许可证。用工单位给被派遣劳动者造成损害的，劳务派遣单位与用工单位承担连带赔偿责任。

2. 用人单位发生合并或者分立的，该方当事人如何确定？

答：根据《最高人民法院关于审理劳动争议案件适用法律问题的解释（一）》第26条的规定，用人单位与其他单位合并的，合并前发生的劳动争议，由合并后的单位为当事人；用人单位分立为若干单位的，其分立前发生的劳动争议，由分立后的实际用人单位为当事人。用人单位分立为若干单位后，具体承受劳动权利义务的单位不明确的，分立后的单位均为当事人。

3. 劳动者在用人单位与其他平等主体之间的承包经营期间，与发包方和承包方双方或者一方发生劳动争议，依法提起诉讼的，该方当事人如何确定？

答：根据《最高人民法院关于审理劳动争议案件适用法律问题的解释（一）》第28条的规定，劳动者在用人单位与其他平等主体之间的承包经营期间，与发包方和承包方双方或者一方发生劳动争议，依法提起诉讼的，应当将承包方和发包方作为当事人。

4. 劳动者与未办理营业执照、营业执照被吊销或者营业期限届满仍继续经营的用人单位发生争议的，该方当事人如何确定？

答：根据《最高人民法院关于审理劳动争议案件适用法律问题的解释（一）》第 29 条和第 30 条的规定，劳动者与未办理营业执照、营业执照被吊销或者营业期限届满仍继续经营的用人单位发生争议的，应当将用人单位或者其出资人列为当事人。未办理营业执照、营业执照被吊销或者营业期限届满仍继续经营的用人单位，以挂靠等方式借用他人营业执照经营的，应当将用人单位和营业执照出借方列为当事人。

典型案例

天津开发区联诚企业服务有限公司诉高某劳动合同纠纷案[1]

要旨：劳务派遣单位与劳动者因解除劳动关系发生纠纷时，是否应追加实际用工单位参加诉讼，需要根据实际用工单位对于解除行为的参与度来判断。在对实际用工单位的责任认定上，实际用工单位与劳务派遣单位共同承担连带责任应以实际用工单位在对劳动者的退工处理中存在过错为前提，在派遣单位向劳动者承担连带责任之后，无过错的派遣单位有权向实际用工单位就其承担的违法解除劳动合同赔偿金进行追偿。

① 参见天津市第二中级人民法院（2013）二中速民终字第 797 号民事判决书。

◆ 第二十三条　劳动争议仲裁案件的第三人

与劳动争议案件的处理结果有利害关系的第三人，可以申请参加仲裁活动或者由劳动争议仲裁委员会通知其参加仲裁活动。

实用问答

原用人单位、新的用人单位和劳动者之间发生纠纷的，如何确定第三人？

答：根据《最高人民法院关于审理劳动争议案件适用法律问题的解释（一）》第 27 条的规定，用人单位招用尚未解除劳动合同的劳动者，原用人单位与劳动者发生的劳动争议，可以列新的用人单位为第三人。原用人单位以新的用人单位侵权为由提起诉讼的，可以列劳动者为第三人。原用人单位以新的用人单位和劳动者共同侵权为由提起诉讼的，新的用人单位和劳动者列为共同被告。

◆ 第二十四条　委托代理人参加仲裁活动

当事人可以委托代理人参加仲裁活动。委托他人参加仲裁活动，应当向劳动争议仲裁委员会提交有委托人签名或者盖章的委托书，委托书应当载明委托事项和权限。

实用问答

1. 有哪些情形时，委托代理终止？

答：根据《民法典》第 173 条的规定，有下列情形之一的，委托代理终止：（1）代理期限届满或者代理事务完成；（2）被代理人取消委托或者代理人辞去委托；（3）代理人丧失民事行为能力；

（4）代理人或者被代理人死亡；（5）作为代理人或者被代理人的法人、非法人组织终止。

2. 被代理人死亡后，有哪些情形时，委托代理人实施的代理行为有效？

答：根据《民法典》第 174 条的规定，被代理人死亡后，有下列情形之一的，委托代理人实施的代理行为有效：（1）代理人不知道且不应当知道被代理人死亡；（2）被代理人的继承人予以承认；（3）授权中明确代理权在代理事务完成时终止；（4）被代理人死亡前已经实施，为了被代理人的继承人的利益继续代理。作为被代理人的法人、非法人组织终止的，参照适用上述规定。

◆ 第二十五条　法定代理和指定代理

丧失或者部分丧失民事行为能力的劳动者，由其法定代理人代为参加仲裁活动；无法定代理人的，由劳动争议仲裁委员会为其指定代理人。劳动者死亡的，由其近亲属或者代理人参加仲裁活动。

实用问答

有哪些情形时，法定代理终止？

答：根据《民法典》第 175 条的规定，有下列情形之一的，法定代理终止：（1）被代理人取得或者恢复完全民事行为能力；（2）代理人丧失民事行为能力；（3）代理人或者被代理人死亡；（4）法律规定的其他情形。

◆ 第二十六条 劳动争议仲裁公开进行及其例外情形

劳动争议仲裁公开进行，但当事人协议不公开进行或者涉及国家秘密、商业秘密和个人隐私的除外。

名词解释

国家秘密　关系国家安全和利益，依照法定程序确定，在一定时间内只限一定范围内的人员知悉的事项。

商业秘密　构成一个企业竞争优势的任何不为他人所知悉的商业信息。

个人隐私　个人不愿意为他人所知晓和干预的私人生活，包括私人生活不受他人非法干扰，私人信息不受他人非法收集、公开等。

第二节　申请和受理

◆ 第二十七条 申请仲裁的时效期间

劳动争议申请仲裁的时效期间为一年。仲裁时效期间从当事人知道或者应当知道其权利被侵害之日起计算。

前款规定的仲裁时效，因当事人一方向对方当事人主张权利，或者向有关部门请求权利救济，或者对方当事人同意履行义务而中断。从中断时起，仲裁时效期间重新计算。

因不可抗力或者有其他正当理由，当事人不能在本条第一款规定的仲裁时效期间申请仲裁的，仲裁时效中止。从中止时效的原因消除之日起，仲裁时效期间继续计算。

劳动关系存续期间因拖欠劳动报酬发生争议的，劳动者申请仲裁不受本条第一款规定的仲裁时效期间的限制；但是，劳动关系终止的，应当自劳动关系终止之日起一年内提出。

名词解释

仲裁时效　权利人请求劳动争议仲裁机构保护其民事权利的法定期限。权利人在该法定期限内不行使请求劳动争议仲裁机构保护其民事权利的请求权，就丧失该请求权。

典型案例

霍某诉北京寰龙世纪电子技术有限公司劳动争议案[①]

要旨： 劳动者可以在劳动关系终止之日起1年内主张劳动关系存续期间拖欠的加班费和未休年假工资等劳动报酬。用人单位与劳动者未签订劳动合同应支付的2倍工资中的超出1倍部分属于惩罚性赔偿，不属于劳动报酬，不应适用《劳动争议调解仲裁法》第27条第4款的规定，劳动者应自知道或者应当知道其权利被侵害之日起1年内主张权利。

◆ 第二十八条　申请仲裁的情形以及仲裁申请书的内容

申请人申请仲裁应当提交书面仲裁申请，并按照被申请人人数提交副本。

---

① 参见北京市第二中级人民法院（2013）二中民终字第11392号民事判决书。

仲裁申请书应当载明下列事项：

（一）劳动者的姓名、性别、年龄、职业、工作单位和住所，用人单位的名称、住所和法定代表人或者主要负责人的姓名、职务；

（二）仲裁请求和所根据的事实、理由；

（三）证据和证据来源、证人姓名和住所。

书写仲裁申请确有困难的，可以口头申请，由劳动争议仲裁委员会记入笔录，并告知对方当事人。

◆ 第二十九条 仲裁申请的受理和不予受理

劳动争议仲裁委员会收到仲裁申请之日起五日内，认为符合受理条件的，应当受理，并通知申请人；认为不符合受理条件的，应当书面通知申请人不予受理，并说明理由。对劳动争议仲裁委员会不予受理或者逾期未作出决定的，申请人可以就该劳动争议事项向人民法院提起诉讼。

实用问答

1. 劳动争议仲裁机构以无管辖权为由对劳动争议案件不予受理，当事人提起诉讼的，人民法院应当如何处理？

答：根据《最高人民法院关于审理劳动争议案件适用法律问题的解释（一）》第5条的规定，劳动争议仲裁机构以无管辖权为由对劳动争议案件不予受理，当事人提起诉讼的，人民法院按照以下情形分别处理：（1）经审查认为该劳动争议仲裁机构对案件确无管辖权的，应当告知当事人向有管辖权的劳动争议仲裁机构申请仲裁；

（2）经审查认为该劳动争议仲裁机构有管辖权的，应当告知当事人申请仲裁，并将审查意见书面通知该劳动争议仲裁机构；劳动争议仲裁机构仍不受理，当事人就该劳动争议事项提起诉讼的，人民法院应予受理。

2. 劳动争议仲裁机构以当事人申请仲裁的事项不属于劳动争议为由，作出不予受理的书面裁决、决定或者通知，当事人不服依法提起诉讼的，人民法院应当如何处理？

答：根据《最高人民法院关于审理劳动争议案件适用法律问题的解释（一）》第6条的规定，劳动争议仲裁机构以当事人申请仲裁的事项不属于劳动争议为由，作出不予受理的书面裁决、决定或者通知，当事人不服依法提起诉讼的，人民法院应当分情况予以处理：（1）属于劳动争议案件的，应当受理；（2）虽不属于劳动争议案件，但属于人民法院主管的其他案件，应当依法受理。

3. 劳动争议仲裁机构逾期未作出受理决定或仲裁裁决，当事人直接提起诉讼的，人民法院应予受理，但申请仲裁的案件存在哪些事由时，人民法院不应受理？

答：根据《最高人民法院关于审理劳动争议案件适用法律问题的解释（一）》第12条第1款的规定，劳动争议仲裁机构逾期未作出受理决定或仲裁裁决，当事人直接提起诉讼的，人民法院应予受理，但申请仲裁的案件存在下列事由的除外：（1）移送管辖的；（2）正在送达或者送达延误的；（3）等待另案诉讼结果、评残结论的；（4）正在等待劳动争议仲裁机构开庭的；（5）启动鉴定程序或者委托其他部门调查取证的；（6）其他正当事由。

4. 当事人以劳动争议仲裁机构逾期未作出仲裁裁决为由提起诉讼时，应当提交哪些材料？

答：根据《最高人民法院关于审理劳动争议案件适用法律问题

的解释（一）》第12条第2款的规定，当事人以劳动争议仲裁机构逾期未作出仲裁裁决为由提起诉讼的，应当提交该仲裁机构出具的受理通知书或者其他已接受仲裁申请的凭证、证明。

5. 哪些情形下，仲裁委员会不予受理当事人的仲裁审查申请？

答：根据《劳动人事争议仲裁办案规则》第75条的规定，仲裁委员会收到当事人仲裁审查申请，应当及时决定是否受理。决定受理的，应当出具受理通知书。有下列情形之一的，仲裁委员会不予受理：（1）不属于仲裁委员会受理争议范围的；（2）不属于本仲裁委员会管辖的；（3）超出规定的仲裁审查申请期间的；（4）确认劳动关系的；（5）调解协议已经人民法院司法确认的。

◆ 第三十条　送达仲裁申请书与提交仲裁答辩书

劳动争议仲裁委员会受理仲裁申请后，应当在五日内将仲裁申请书副本送达被申请人。

被申请人收到仲裁申请书副本后，应当在十日内向劳动争议仲裁委员会提交答辩书。劳动争议仲裁委员会收到答辩书后，应当在五日内将答辩书副本送达申请人。被申请人未提交答辩书的，不影响仲裁程序的进行。

实用问答

1. 被申请人在答辩期间提出反申请的，应当如何处理？

答：根据《劳动人事争议仲裁办案规则》第36条第1款至第3款的规定，被申请人可以在答辩期间提出反申请，仲裁委员会应当自收到被申请人反申请之日起5日内决定是否受理并通知被申请人。决定受理的，仲裁委员会可以将反申请和申请合并处理。反申请应当另行申请仲裁的，仲裁委员会应当书面告知被申请人另行申请仲裁；反申请不属于《劳动人事争议仲裁办案规则》规定应当受理的，仲裁委员会应当向被申请人出具不予受理通知书。

2. 被申请人答辩期满后对申请人提出反申请的，应当如何处理？

答：根据《劳动人事争议仲裁办案规则》第36条第4款的规定，被申请人答辩期满后对申请人提出反申请的，应当另行申请仲裁。

第三节　开庭和裁决

◆ 第三十一条　仲裁庭组成

劳动争议仲裁委员会裁决劳动争议案件实行仲裁庭制。仲裁庭由三名仲裁员组成，设首席仲裁员。简单劳动争议案件可以由一名仲裁员独任仲裁。

◆ 第三十二条　劳动争议仲裁委员会书面通知仲裁庭组成情况

劳动争议仲裁委员会应当在受理仲裁申请之日起五日内将仲裁庭的组成情况书面通知当事人。

实用问答

1. 处理哪些争议案件时应当由3名仲裁员组成仲裁庭？

答：根据《劳动人事争议仲裁组织规则》第13条第1款的规定，处理下列争议案件应当由3名仲裁员组成仲裁庭，设首席仲裁员：（1）10人以上并有共同请求的争议案件；（2）履行集体合同发生的争议案件；（3）有重大影响或者疑难复杂的争议案件；（4）仲裁委员会认为应当由 3 名仲裁员组庭处理的其他争议案件。

2. 仲裁庭组成不符合规定，应如何处理？

答：根据《劳动人事争议仲裁组织规则》第 15 条的规定，仲裁庭组成不符合规定的，仲裁委员会应当予以撤销并重新组庭。

◆ 第三十三条 仲裁员回避制度

仲裁员有下列情形之一，应当回避，当事人也有权以口头或者书面方式提出回避申请：

（一）是本案当事人或者当事人、代理人的近亲属的；

（二）与本案有利害关系的；

（三）与本案当事人、代理人有其他关系，可能影响公正裁决的；

（四）私自会见当事人、代理人，或者接受当事人、代理人的请客送礼的。

劳动争议仲裁委员会对回避申请应当及时作出决定，并以口头或者书面方式通知当事人。

实用问答

1. 仲裁员是否回避由谁决定？

答：根据《劳动人事争议仲裁办案规则》第 12 条第 1 款的规定，仲裁员是否回避，由仲裁委员会主任或者其委托的仲裁院负责人决定。仲裁委员会主任担任案件仲裁员是否回避，由仲裁委员会决定。

2. 在仲裁员回避决定作出前，被申请回避的仲裁员是否可以继续参加该案的处理?

答：根据《劳动人事争议仲裁办案规则》第 12 条第 2 款的规定，在仲裁员回避决定作出前，被申请回避的仲裁员应当暂停参与该案处理，但因案件需要采取紧急措施的除外。

◆ 第三十四条 仲裁员的法律责任

仲裁员有本法第三十三条第四项规定情形，或者有索贿受贿、徇私舞弊、枉法裁决行为的，应当依法承担法律责任。劳动争议仲裁委员会应当将其解聘。

实用问答

1. 仲裁员不得有哪些行为?

答：根据《劳动人事争议仲裁组织规则》第 33 条的规定，仲裁员不得有下列行为：（1）徇私枉法，偏袒一方当事人；（2）滥用职权，侵犯当事人合法权益；（3）利用职权为自己或者他人谋取私利；（4）隐瞒证据或者伪造证据；（5）私自会见当事人及其代理人，接受当事人及其代理人的请客送礼；（6）故意拖延办案、玩忽职守；（7）泄露案件涉及的国家秘密、商业秘密和个人隐私或者擅自透露案件处理情况；（8）在受聘期间担任所在仲裁委员会受理案件的代理人；（9）其他违法违纪的行为。

2. 依法承担仲裁职责的人员，在仲裁活动中故意违背事实和法律作枉法裁决，情节严重的，应当承担什么刑事责任?

答：根据《刑法》第 399 条之一的规定，依法承担仲裁职责的人员，在仲裁活动中故意违背事实和法律作枉法裁决，情节严重的，处3年以下有期徒刑或者拘役；情节特别严重的，处3年以上7年以下有期徒刑。

◆ 第三十五条 开庭通知与延期开庭

仲裁庭应当在开庭五日前，将开庭日期、地点书面通知双方当事人。当事人有正当理由的，可以在开庭三日前请求延期开庭。是否延期，由劳动争议仲裁委员会决定。

实用问答

哪些情形下可以延期开庭？

答：根据《民事诉讼法》第149条的规定，有下列情形之一的，可以延期开庭审理：（1）必须到庭的当事人和其他诉讼参与人有正当理由没有到庭的；（2）当事人临时提出回避申请的；（3）需要通知新的证人到庭，调取新的证据，重新鉴定、勘验，或者需要补充调查的；（4）其他应当延期的情形。

◆ 第三十六条 当事人无正当理由拒不到庭或者未经仲裁庭同意中途退庭

申请人收到书面通知，无正当理由拒不到庭或者未经仲裁庭同意中途退庭的，可以视为撤回仲裁申请。

被申请人收到书面通知，无正当理由拒不到庭或者未经仲裁庭同意中途退庭的，可以缺席裁决。

名词解释

视为撤回仲裁申请　劳动争议仲裁的申请人虽然未主动提出撤回仲裁的申请，但是申请人出现法律规定的情形，用行动已经表明其不愿意继续进行仲裁的，可以按照申请人撤回仲裁申请处理，从而终结对劳动争议案件的仲裁。

缺席裁决　只有申请人到庭参与仲裁审理时，仲裁庭仅就到庭人的申请进行调查，审查核实证据，听取意见，并在对未到庭的被申请人提供的书面资料进行审查后，即作出仲裁裁决的仲裁活动。

◆ 第三十七条　劳动争议仲裁中的鉴定问题

仲裁庭对专门性问题认为需要鉴定的，可以交由当事人约定的鉴定机构鉴定；当事人没有约定或者无法达成约定的，由仲裁庭指定的鉴定机构鉴定。

根据当事人的请求或者仲裁庭的要求，鉴定机构应当派鉴定人参加开庭。当事人经仲裁庭许可，可以向鉴定人提问。

实用问答

1. 对于鉴定意见，在什么情况下当事人可以申请重新鉴定？

答：根据《最高人民法院关于民事诉讼证据的若干规定》第 40 条第 1 款的规定，当事人申请重新鉴定，存在下列情形之一的，人民法院应当准许：（1）鉴定人不具备相应资格的；（2）鉴定程序严重违法的；（3）鉴定意见明显依据不足的；（4）鉴定意见不能作为证据使用的其他情形。

2. 对于有瑕疵的鉴定意见，是否可以重新鉴定？

答：根据《最高人民法院关于民事诉讼证据的若干规定》第 40

条第 3 款的规定，对鉴定意见的瑕疵，可以通过补正、补充鉴定或者补充质证、重新质证等方法解决的，人民法院不予准许重新鉴定的申请。

◆ 第三十八条 劳动争议仲裁中的质证和辩论问题

当事人在仲裁过程中有权进行质证和辩论。质证和辩论终结时，首席仲裁员或者独任仲裁员应当征询当事人的最后意见。

◆ 第三十九条 证据及举证责任

当事人提供的证据经查证属实的，仲裁庭应当将其作为认定事实的根据。

劳动者无法提供由用人单位掌握管理的与仲裁请求有关的证据，仲裁庭可以要求用人单位在指定期限内提供。用人单位在指定期限内不提供的，应当承担不利后果。

实用问答

1. 当事人在审理前的准备阶段或者人民法院调查、询问过程中发表过质证意见的证据的性质是什么？

答：根据《最高人民法院关于民事诉讼证据的若干规定》第 60 条第 1 款的规定，当事人在审理前的准备阶段或者人民法院调查、询问过程中发表过质证意见的证据，视为质证过的证据。

2. 当事人是否可以以书面方式发表质证意见？

答：根据《最高人民法院关于民事诉讼证据的若干规定》第 60 条第 2 款的规定，当事人要求以书面方式发表质证意见，人民法院在听取对方当事人意见后认为有必要的，可以准许。人民法院应当及时将书面质证意见送交对方当事人。

3. 在哪些情形下对书证、物证、视听资料进行质证时，当事人可以不出示证据的原件或者原物？

答：根据《最高人民法院关于民事诉讼证据的若干规定》第61条的规定，对书证、物证、视听资料进行质证时，当事人应当出示证据的原件或者原物。但有下列情形之一的除外：（1）出示原件或者原物确有困难并经人民法院准许出示复制件或者复制品的；（2）原件或者原物已不存在，但有证据证明复制件、复制品与原件或者原物一致的。

4. 一方当事人控制证据无正当理由拒不提交，后果是什么？

答：根据《最高人民法院关于民事诉讼证据的若干规定》第95条的规定，一方当事人控制证据无正当理由拒不提交，对待证事实负有举证责任的当事人主张该证据的内容不利于控制人的，人民法院可以认定该主张成立。

◆ 第四十条　劳动争议仲裁开庭笔录

仲裁庭应当将开庭情况记入笔录。当事人和其他仲裁参加人认为对自己陈述的记录有遗漏或者差错的，有权申请补正。如果不予补正，应当记录该申请。

笔录由仲裁员、记录人员、当事人和其他仲裁参加人签名或者盖章。

◆ 第四十一条　劳动争议仲裁中当事人自行和解

当事人申请劳动争议仲裁后，可以自行和解。达成和解协议的，可以撤回仲裁申请。

实用问答

1. 当事人在诉讼过程中自行达成和解协议的，人民法院如何处理？

答：根据《最高人民法院关于人民法院民事调解工作若干问题的规定》第 2 条第 1 款的规定，当事人在诉讼过程中自行达成和解协议的，人民法院可以根据当事人的申请依法确认和解协议制作调解书。双方当事人申请庭外和解的期间，不计入审限。

2. 当事人在和解过程中申请人民法院对和解活动进行协调的，人民法院要如何处理？

答：根据《最高人民法院关于人民法院民事调解工作若干问题的规定》第 2 条第 2 款的规定，当事人在和解过程中申请人民法院对和解活动进行协调的，人民法院可以委派审判辅助人员或者邀请、委托有关单位和个人从事协调活动。

◆ 第四十二条　先行调解

仲裁庭在作出裁决前，应当先行调解。

调解达成协议的，仲裁庭应当制作调解书。

调解书应当写明仲裁请求和当事人协议的结果。调解书由仲裁员签名，加盖劳动争议仲裁委员会印章，送达双方当事人。调解书经双方当事人签收后，发生法律效力。

调解不成或者调解书送达前，一方当事人反悔的，仲裁庭应当及时作出裁决。

名词解释

调解书　仲裁庭制作的对当事人劳动争议进行调解的过程和结果进行记载的具有约束力的法律文书，是经双方当事人协商并经仲裁庭批准的协议。

实用问答

当事人就部分仲裁请求达成调解协议，仲裁庭是否可以就该部分先行出具调解书?

答：根据《劳动人事争议仲裁办案规则》第73条的规定，当事人就部分仲裁请求达成调解协议的，仲裁庭可以就该部分先行出具调解书。

◆ 第四十三条　仲裁审理期限及先行裁决

仲裁庭裁决劳动争议案件，应当自劳动争议仲裁委员会受理仲裁申请之日起四十五日内结束。案情复杂需要延期的，经劳动争议仲裁委员会主任批准，可以延期并书面通知当事人，但是延长期限不得超过十五日。逾期未作出仲裁裁决的，当事人可以就该劳动争议事项向人民法院提起诉讼。

仲裁庭裁决劳动争议案件时，其中一部分事实已经清楚，可以就该部分先行裁决。

◆ 第四十四条　可以裁决先予执行的案件

仲裁庭对追索劳动报酬、工伤医疗费、经济补偿或者赔偿金的案件，根据当事人的申请，可以裁决先予执行，移送人民法院执行。

仲裁庭裁决先予执行的，应当符合下列条件：

（一）当事人之间权利义务关系明确；

（二）不先予执行将严重影响申请人的生活。

劳动者申请先予执行的，可以不提供担保。

实用问答

当事人对先予执行的裁定不服，如何进行救济？

答：根据《民事诉讼法》第 111 条的规定，当事人对保全或者先予执行的裁定不服的，可以申请复议一次。复议期间不停止裁定的执行。

◆ 第四十五条 作出仲裁裁决

裁决应当按照多数仲裁员的意见作出，少数仲裁员的不同意见应当记入笔录。仲裁庭不能形成多数意见时，裁决应当按照首席仲裁员的意见作出。

◆ 第四十六条 裁决书的内容和形式

裁决书应当载明仲裁请求、争议事实、裁决理由、裁决结果和裁决日期。裁决书由仲裁员签名，加盖劳动争议仲裁委员会印章。对裁决持不同意见的仲裁员，可以签名，也可以不签名。

◆ 第四十七条 一裁终局的案件

下列劳动争议，除本法另有规定的外，仲裁裁决为终局裁决，裁决书自作出之日起发生法律效力：

（一）追索劳动报酬、工伤医疗费、经济补偿或者赔偿金，不超过当地月最低工资标准十二个月金额的争议；

（二）因执行国家的劳动标准在工作时间、休息休假、社会保险等方面发生的争议。

实用问答

1. 哪些情形下用人单位应当向劳动者支付经济补偿？

答：根据《劳动合同法》第46条的规定，有下列情形之一的，用人单位应当向劳动者支付经济补偿：（1）劳动者依照《劳动合同法》第38条规定解除劳动合同的；（2）用人单位依照《劳动合同法》第36条规定向劳动者提出解除劳动合同并与劳动者协商一致解除劳动合同的；（3）用人单位依照《劳动合同法》第40条规定解除劳动合同的；（4）用人单位依照《劳动合同法》第41条第1款规定解除劳动合同的；（5）除用人单位维持或者提高劳动合同约定条件续订劳动合同，劳动者不同意续订的情形外，依照《劳动合同法》第44条第1项规定终止固定期限劳动合同的；（6）依照《劳动合同法》第44条第4项、第5项规定终止劳动合同的；（7）法律、行政法规规定的其他情形。

2. 哪些情形下用人单位迫使劳动者提出解除劳动合同的，用人单位应当支付劳动者的劳动报酬和经济补偿？

答：根据《最高人民法院关于审理劳动争议案件适用法律问题的解释（一）》第45条的规定，用人单位有下列情形之一，迫使劳动者提出解除劳动合同的，用人单位应当支付劳动者的劳动报酬和经济补偿，并可支付赔偿金：（1）以暴力、威胁或者非法限制人身自由的手段强迫劳动的；（2）未按照劳动合同约定支付劳动报酬或者提供劳动条件的；（3）克扣或者无故拖欠劳动者工资的；（4）拒不支付劳动者延长工作时间工资报酬的；（5）低于当地最低工资标准支付劳动者工资的。

典型案例

重庆谊品弘渝科技有限公司与黄某劳动争议案[①]

要旨：本案中，重庆市南岸区劳动人事争议仲裁委员会未在仲裁裁决中确定该裁决属于终局裁决或非终局裁决，故该仲裁裁决的类型应由人民法院依法进行审查确认。涉案仲裁裁决的裁决项属于“追索劳动报酬、工伤医疗费、经济补偿或者赔偿金”，裁决金额未超过当地月最低工资标准12个月金额，故裁决书属于终局裁决，应当驳回原告的起诉。原告应当自收到本裁定书之日起30日内，向重庆市第五中级人民法院申请撤销仲裁裁决。

◆ 第四十八条 劳动者不服一裁终局案件的裁决提起诉讼的期限

劳动者对本法第四十七条规定的仲裁裁决不服的，可以自收到仲裁裁决书之日起十五日内向人民法院提起诉讼。

---

① 参见重庆市南岸区人民法院（2022）渝0108民初32121号民事裁定书。

实用问答

1. 一方当事人在法定期限内不起诉又不履行仲裁裁决，另一方当事人可以如何救济？

答：根据《劳动法》第 83 条中的规定，一方当事人在法定期限内不起诉又不履行仲裁裁决的，另一方当事人可以申请人民法院强制执行。

2. 仲裁裁决书未载明该裁决是否为终局裁决，劳动者依据《劳动争议调解仲裁法》第 47 条第 1 项的规定进行追索的，在什么情形下应当按照终局裁决处理？

答：根据《最高人民法院关于审理劳动争议案件适用法律问题的解释（一）》第 19 条的规定，仲裁裁决书未载明该裁决为终局裁决或者非终局裁决，劳动者依据《劳动争议调解仲裁法》第 47 条第 1 项规定，追索劳动报酬、工伤医疗费、经济补偿或者赔偿金，如果仲裁裁决涉及数项，每项确定的数额均不超过当地月最低工资标准 12 个月金额的，应当按照终局裁决处理。

◆ 第四十九条　用人单位不服一裁终局案件的裁决可以诉请撤销的条件

用人单位有证据证明本法第四十七条规定的仲裁裁决有下列情形之一，可以自收到仲裁裁决书之日起三十日内向劳动争议仲裁委员会所在地的中级人民法院申请撤销裁决：

（一）适用法律、法规确有错误的；

（二）劳动争议仲裁委员会无管辖权的；

（三）违反法定程序的；

（四）裁决所根据的证据是伪造的；

（五）对方当事人隐瞒了足以影响公正裁决的证据的；

（六）仲裁员在仲裁该案时有索贿受贿、徇私舞弊、枉法裁决行为的。

人民法院经组成合议庭审查核实裁决有前款规定情形之一的，应当裁定撤销。

仲裁裁决被人民法院裁定撤销的，当事人可以自收到裁定书之日起十五日内就该劳动争议事项向人民法院提起诉讼。

实用问答

1. 劳动者依据《劳动争议调解仲裁法》第48条规定向基层人民法院提起诉讼，用人单位依据《劳动争议调解仲裁法》第49条规定向劳动争议仲裁机构所在地的中级人民法院申请撤销仲裁裁决的，后续如何处理？

答：根据《最高人民法院关于审理劳动争议案件适用法律问题的解释（一）》第21条的规定，劳动者依据《劳动争议调解仲裁法》第48条规定向基层人民法院提起诉讼，用人单位依据《劳动争议调解仲裁法》第49条规定向劳动争议仲裁机构所在地的中级人民法院申请撤销仲裁裁决的，中级人民法院应当不予受理；已经受理的，应当裁定驳回申请。被人民法院驳回起诉或者劳动者撤诉的，用人单位可以自收到裁定书之日起30日内，向劳动争议仲裁机构所在地的中级人民法院申请撤销仲裁裁决。

2. 用人单位依据《劳动争议调解仲裁法》第49条规定向中级人民法院申请撤销仲裁裁决，中级人民法院作出的驳回申请或者撤销仲裁裁决的裁定的性质是什么？

答：根据《最高人民法院关于审理劳动争议案件适用法律问题

的解释（一）》第22条的规定，用人单位依据《劳动争议调解仲裁法》第49条规定向中级人民法院申请撤销仲裁裁决，中级人民法院作出的驳回申请或者撤销仲裁裁决的裁定为终审裁定。

3. 中级人民法院审理用人单位申请撤销终局裁决的案件，应当如何处理？

答：根据《最高人民法院关于审理劳动争议案件适用法律问题的解释（一）》第23条的规定，中级人民法院审理用人单位申请撤销终局裁决的案件，应当组成合议庭开庭审理。经过阅卷、调查和询问当事人，对没有新的事实、证据或者理由，合议庭认为不需要开庭审理的，可以不开庭审理。中级人民法院可以组织双方当事人调解。达成调解协议的，可以制作调解书。一方当事人逾期不履行调解协议的，另一方可以申请人民法院强制执行。

典型案例

王某兴等人劳动仲裁执行虚假诉讼监督案①

要旨：为从执行款项中优先受偿，当事人伪造证据将普通债权债务关系虚构为劳动争议申请劳动仲裁，获取仲裁裁决或调解书，据此向人民法院申请强制执行，构成虚假诉讼。检察机关对此类虚假诉讼行为应当依法进行监督。

① 参见福建省武平县人民法院（2017）闽0824执888号执行裁定书，最高人民检察院第十四批指导案例（检例第55号）。

◆ 第五十条 其他不服仲裁裁决提起诉讼的期限

当事人对本法第四十七条规定以外的其他劳动争议案件的仲裁裁决不服的，可以自收到仲裁裁决书之日起十五日内向人民法院提起诉讼；期满不起诉的，裁决书发生法律效力。

实用问答

1. 劳动争议仲裁机构作出仲裁裁决后，当事人对裁决中的部分事项不服，依法提起诉讼的，劳动争议仲裁裁决的效力如何？

答：根据《最高人民法院关于审理劳动争议案件适用法律问题的解释（一）》第16条的规定，劳动争议仲裁机构作出仲裁裁决后，当事人对裁决中的部分事项不服，依法提起诉讼的，劳动争议仲裁裁决不发生法律效力。

2. 劳动争议仲裁机构对多个劳动者的劳动争议作出仲裁裁决后，部分劳动者对仲裁裁决不服，依法提起诉讼的，仲裁裁决是否发生法律效力？

答：根据《最高人民法院关于审理劳动争议案件适用法律问题的解释（一）》第17条的规定，劳动争议仲裁机构对多个劳动者的劳动争议作出仲裁裁决后，部分劳动者对仲裁裁决不服，依法提起诉讼的，仲裁裁决对提起诉讼的劳动者不发生法律效力；对未提起诉讼的部分劳动者，发生法律效力，如其申请执行的，人民法院应当受理。

3. 仲裁裁决书未载明该裁决为终局裁决或者非终局裁决，用人单位不服该仲裁裁决向基层人民法院提起诉讼的，应当如何处理？

答：根据《最高人民法院关于审理劳动争议案件适用法律问题

的解释（一）》第18条的规定，仲裁裁决的类型以仲裁裁决书确定为准。仲裁裁决书未载明该裁决为终局裁决或者非终局裁决，用人单位不服该仲裁裁决向基层人民法院提起诉讼的，应当按照以下情形分别处理：（1）经审查认为该仲裁裁决为非终局裁决的，基层人民法院应予受理；（2）经审查认为该仲裁裁决为终局裁决的，基层人民法院不予受理，但应告知用人单位可以自收到不予受理裁定书之日起30日内向劳动争议仲裁机构所在地的中级人民法院申请撤销该仲裁裁决；已经受理的，裁定驳回起诉。

◆ 第五十一条　当事人对发生法律效力的调解书、裁决书的履行和申请执行

当事人对发生法律效力的调解书、裁决书，应当依照规定的期限履行。一方当事人逾期不履行的，另一方当事人可以依照民事诉讼法的有关规定向人民法院申请执行。受理申请的人民法院应当依法执行。

第四章 附 则

◆ 第五十二条 事业单位劳动争议处理的法律适用

事业单位实行聘用制的工作人员与本单位发生劳动争议的，依照本法执行；法律、行政法规或者国务院另有规定的，依照其规定。

实用问答

哪些人事争议可以申请人事仲裁？

答：根据《人事争议处理规定》第 2 条的规定，下列人事争议可以申请人事仲裁：（1）实施公务员法的机关与聘任制公务员之间、参照《公务员法》管理的机关（单位）与聘任工作人员之间因履行聘任合同发生的争议；（2）事业单位与工作人员之间因解除人事关系、履行聘用合同发生的争议；（3）社团组织与工作人员之间因解除人事关系、履行聘用合同发生的争议；（4）军队聘用单位与文职人员之间因履行聘用合同发生的争议；（5）依照法律、法规规定可以仲裁的其他人事争议。

◆ 第五十三条 劳动争议仲裁不收费

劳动争议仲裁不收费。劳动争议仲裁委员会的经费由财政予以保障。

◆ 第五十四条　施行时间

本法自 2008 年 5 月 1 日起施行。

附录一

劳动人事争议典型案例（第二批）[①]

案例1. 劳动者拒绝违法超时加班安排，用人单位能否解除劳动合同

基本案情

张某于2020年6月入职某快递公司，双方订立的劳动合同约定试用期为3个月，试用期月工资为8000元，工作时间执行某快递公司规章制度相关规定。某快递公司规章制度规定，工作时间为早9时至晚9时，每周工作6天。2个月后，张某以工作时间严重超过法律规定上限为由拒绝超时加班安排，某快递公司即以张某在试用期间被证明不符合录用条件为由与其解除劳动合同。张某向劳动人事争议仲裁委员会（简称仲裁委员会）申请仲裁。

申请人请求

请求裁决某快递公司支付违法解除劳动合同赔偿金8000元。

处理结果

仲裁委员会裁决某快递公司支付张某违法解除劳动合同赔偿金8000元（裁决为终局裁决）。仲裁委员会将案件情况通报劳动保障监察机构，劳动保障监察机构对某快递公司规章制度违反法律、法

① 最高人民法院：《劳动人事争议典型案例（第二批）》，载中华人民共和国最高人民法院网2021年8月26日，https：//www. court. gov. cn/zixun－xiangqing－319151. html。

规规定的情形责令其改正，给予警告。

案例分析

本案的争议焦点是张某拒绝违法超时加班安排，某快递公司能否与其解除劳动合同。

《中华人民共和国劳动法》第四十一条规定："用人单位由于生产经营需要，经与工会和劳动者协商后可以延长工作时间，一般每日不得超过一小时；因特殊原因需要延长工作时间的，在保障劳动者身体健康的条件下延长工作时间每日不得超过三小时，但是每月不得超过三十六小时。"第四十三条规定："用人单位不得违反本法规定延长劳动者的工作时间。"《中华人民共和国劳动合同法》第二十六条规定："下列劳动合同无效或者部分无效：……（三）违反法律、行政法规强制性规定的。"为确保劳动者休息权的实现，我国法律对延长工作时间的上限予以明确规定。用人单位制定违反法律规定的加班制度，在劳动合同中与劳动者约定违反法律规定的加班条款，均应认定为无效。

本案中，某快递公司规章制度中"工作时间为早 9 时至晚 9 时，每周工作 6 天"的内容，严重违反法律关于延长工作时间上限的规定，应认定为无效。张某拒绝违法超时加班安排，系维护自己合法权益，不能据此认定其在试用期间被证明不符合录用条件。故仲裁委员会依法裁决某快递公司支付张某违法解除劳动合同赔偿金。

典型意义

《中华人民共和国劳动法》第四条规定："用人单位应当依法建立和完善规章制度，保障劳动者享有劳动权利和履行劳动义务。"法律在支持用人单位依法行使管理职权的同时，也明确其必须履行保障劳动者权利的义务。用人单位的规章制度以及相应工作安排必须符合法律、行政法规的规定，否则既要承担违法后果，也不利于构建和谐稳定的劳动关系、促进自身健康发展。

案例 2. 劳动者与用人单位订立放弃加班费协议，能否主张加班费

基本案情

张某于 2020 年 6 月入职某科技公司，月工资 20000 元。某科技公司在与张某订立劳动合同时，要求其订立一份协议作为合同附件，协议内容包括“我自愿申请加入公司奋斗者计划，放弃加班费。”半年后，张某因个人原因提出解除劳动合同，并要求支付加班费。某科技公司认可张某加班事实，但以其自愿订立放弃加班费协议为由拒绝支付。张某向劳动人事争议仲裁委员会（简称仲裁委员会）申请仲裁。

申请人请求

请求裁决某科技公司支付 2020 年 6 月至 12 月加班费 24000 元。

处理结果

仲裁委员会裁决某科技公司支付张某 2020 年 6 月至 12 月加班费 24000 元。

案例分析

本案的争议焦点是张某订立放弃加班费协议后，还能否主张加班费。

《中华人民共和国劳动合同法》第二十六条规定：“下列劳动合同无效或者部分无效：……（二）用人单位免除自己的法定责任、排除劳动者权利的”。《最高人民法院关于审理劳动争议案件适用法律问题的解释（一）》（法释〔2020〕26 号）第三十五条规定：“劳动者与用人单位就解除或者终止劳动合同办理相关手续、支付工资

报酬、加班费、经济补偿或者赔偿金等达成的协议，不违反法律、行政法规的强制性规定，且不存在欺诈、胁迫或者乘人之危情形的，应当认定有效。前款协议存在重大误解或者显失公平情形，当事人请求撤销的，人民法院应予支持。”加班费是劳动者延长工作时间的工资报酬，《中华人民共和国劳动法》第四十四条、《中华人民共和国劳动合同法》第三十一条明确规定了用人单位支付劳动者加班费的责任。约定放弃加班费的协议免除了用人单位的法定责任、排除了劳动者权利，显失公平，应认定无效。

本案中，某科技公司利用在订立劳动合同时的主导地位，要求张某在其单方制定的格式条款上签字放弃加班费，既违反法律规定，也违背公平原则，侵害了张某工资报酬权益。故仲裁委员会依法裁决某科技公司支付张某加班费。

典型意义

崇尚奋斗无可厚非，但不能成为用人单位规避法定责任的挡箭牌。谋求企业发展、塑造企业文化都必须守住不违反法律规定、不侵害劳动者合法权益的底线，应在坚持按劳分配原则的基础上，通过科学合理的措施激发劳动者的主观能动性和创造性，统筹促进企业发展与维护劳动者权益。

案例 3. 用人单位未按规章制度履行加班审批手续，能否认定劳动者加班事实

基本案情

吴某于 2019 年 12 月入职某医药公司，月工资为 18000 元。某医药公司加班管理制度规定：“加班需提交加班申请单，按程序审批。未经审批的，不认定为加班，不支付加班费。”吴某入职后，按照某

医药公司安排实际执行每天早 9 时至晚 9 时，每周工作 6 天的工作制度。其按照某医药公司加班管理制度提交了加班申请单，但某医药公司未实际履行审批手续。2020 年 11 月，吴某与某医药公司协商解除劳动合同，要求某医药公司支付加班费，并出具了考勤记录、与部门领导及同事的微信聊天记录、工作会议纪要等。某医药公司虽认可上述证据的真实性但以无公司审批手续为由拒绝支付。吴某向劳动人事争议仲裁委员会（简称仲裁委员会）申请仲裁。

申请人请求

请求裁决某医药公司支付 2019 年 12 月至 2020 年 11 月加班费 50000 元。

处理结果

仲裁委员会裁决某医药公司支付吴某 2019 年 12 月至 2020 年 11 月加班费 50000 元。某医药公司不服仲裁裁决起诉，一审法院判决与仲裁裁决一致，某医药公司未上诉，一审判决已生效。

案例分析

本案的争议焦点是某医药公司能否以无公司审批手续为由拒绝支付吴某加班费。

《中华人民共和国劳动法》第四十四条规定："有下列情形之一的，用人单位应当按照下列标准支付高于劳动者正常工作时间工资的工资报酬：（一）安排劳动者延长工作时间的，支付不低于工资的百分之一百五十的工资报酬；（二）休息日安排劳动者工作又不能安排补休的，支付不低于工资的百分之二百的工资报酬。"《工资支付暂行规定》（劳部发〔1994〕489 号）第十三条规定："用人单位在劳动者完成劳动定额或规定的工作任务后，根据实际需要安排劳动者在法定标准工作时间以外工作的，应按以下标准支付工资：……"。从上述条款可知，符合"用人单位安排""法定标准工作时间以外工作”情形的，用人单位应当依法支付劳动者加班费。

本案中，吴某提交的考勤记录、与部门领导及同事的微信聊天记录、工作会议纪要等证据形成了相对完整的证据链，某医药公司亦认可上述证据的真实性。某医药公司未实际履行加班审批手续，并不影响对“用人单位安排”加班这一事实的认定。故仲裁委员会依法裁决某医药公司支付吴某加班费。

典型意义

劳动规章制度对用人单位和劳动者都具有约束力。一方面，用人单位应严格按照规章制度的规定实施管理行为，不得滥用优势地位，侵害劳动者合法权益；另一方面，劳动者在合法权益受到侵害时，要注意保留相关证据，为维权提供依据。仲裁委员会、人民法院应准确把握加班事实认定标准，纠正用人单位规避法定责任、侵害劳动者合法权益的行为。

案例4. 用人单位与劳动者约定实行包薪制，是否需要依法支付加班费

基本案情

周某于2020年7月入职某汽车服务公司，双方订立的劳动合同约定月工资为4000元（含加班费）。2021年2月，周某因个人原因提出解除劳动合同，并认为即使按照当地最低工资标准认定其法定标准工作时间工资，某汽车服务公司亦未足额支付加班费，要求支付差额。某汽车服务公司认可周某加班事实，但以劳动合同中约定的月工资中已含加班费为由拒绝支付。周某向劳动人事争议仲裁委员会（简称仲裁委员会）申请仲裁。

申请人请求

请求裁决某汽车服务公司支付加班费差额17000元。

处理结果

仲裁委员会裁决某汽车服务公司支付周某加班费差额17000元（裁决为终局裁决），并就有关问题向某汽车服务公司发出仲裁建议书。

案例分析

本案的争议焦点是某汽车服务公司与周某约定实行包薪制，是否还需要依法支付周某加班费差额。

《中华人民共和国劳动法》第四十七条规定："用人单位根据本单位的生产经营特点和经济效益，依法自主确定本单位的工资分配方式和工资水平。"第四十八条规定："国家实行最低工资保障制度。"《最低工资规定》（劳动和社会保障部令第21号）第三条规定："本规定所称最低工资标准，是指劳动者在法定工作时间或依法签订的劳动合同约定的工作时间内提供了正常劳动的前提下，用人单位依法应支付的最低劳动报酬。"从上述条款可知，用人单位可以依法自主确定本单位的工资分配方式和工资水平，并与劳动者进行相应约定，但不得违反法律关于最低工资保障、加班费支付标准的规定。

本案中，根据周某实际工作时间折算，即使按照当地最低工资标准认定周某法定标准工作时间工资，并以此为基数核算加班费，也超出了4000元的约定工资，表明某汽车服务公司未依法足额支付周某加班费。故仲裁委员会依法裁决某汽车服务公司支付周某加班费差额。

典型意义

包薪制是指在劳动合同中打包约定法定标准工作时间工资和加班费的一种工资分配方式，在部分加班安排较多且时间相对固定的行业中比较普遍。虽然用人单位有依法制定内部薪酬分配制度的自主权，但内部薪酬分配制度的制定和执行须符合相关法律的规定。实践中，部分用人单位存在以实行包薪制规避或者减少承担支付加班费法定责任的情况。实行包薪制的用人单位应严格按照不低于最低工资标准支付劳动者法定标准工作时间的工资，同时按照国家关于加班费的有关法律规定足额支付加班费。

案例5. 用人单位未与劳动者协商一致增加工作任务，劳动者是否有权拒绝

基本案情

张某于2018年9月入职某报刊公司从事投递员工作，每天工作6小时，每周工作6天，月工资3500元。2020年6月，因同区域另外一名投递员离职，某报刊公司在未与张某协商的情况下，安排其在第三季度承担该投递员的工作任务。张某认为，要完成加倍的工作量，其每天工作时间至少需延长4小时以上，故拒绝上述安排。某报刊公司依据员工奖惩制度，以张某不服从工作安排为由与其解除劳动合同。张某向劳动人事争议仲裁委员会（简称仲裁委员会）申请仲裁。

申请人请求

请求裁决某报刊公司支付违法解除劳动合同赔偿金14000元。

处理结果

仲裁委员会裁决某报刊公司支付张某违法解除劳动合同赔偿金14000元（裁决为终局裁决）。

案例分析

本案的争议焦点是某报刊公司未与张某协商一致增加其工作任

务，张某是否有权拒绝。

《中华人民共和国劳动合同法》第三十一条规定："用人单位应当严格执行劳动定额标准，不得强迫或者变相强迫劳动者加班。"第三十五条规定："用人单位与劳动者协商一致，可以变更劳动合同约定的内容。"劳动合同是明确用人单位和劳动者权利义务的书面协议，未经变更，双方均应严格按照约定履行，特别是涉及工作时间等劳动定额标准的内容。

本案中，某报刊公司超出合理限度大幅增加张某的工作任务，应视为变更劳动合同约定的内容，违反了关于"协商一致"变更劳动合同的法律规定，已构成变相强迫劳动者加班。因此，张某有权依法拒绝上述安排。某报刊公司以张某不服从工作安排为由与其解除劳动合同不符合法律规定。故仲裁委员会依法裁决某报刊公司支付张某违法解除劳动合同赔偿金。

典型意义

允许用人单位与劳动者协商一致变更劳动合同，有利于保障用人单位根据生产经营需要合理调整用工安排的权利。但要注意的是，变更劳动合同要遵循合法、公平、平等自愿、协商一致、诚实信用的原则。工作量、工作时间的变更直接影响劳动者休息权的实现，用人单位对此进行大幅调整，应与劳动者充分协商，而不应采取强迫或者变相强迫的方式，更不得违反相关法律规定。

案例 6. 处理加班费争议，如何分配举证责任

基本案情

林某于 2020 年 1 月入职某教育咨询公司，月工资为 6000 元。2020 年 7 月，林某因个人原因提出解除劳动合同，并向劳动人事争

议仲裁委员会（简称仲裁委员会）申请仲裁。林某主张其工作期间每周工作6天，并提交了某打卡APP打卡记录（显示林某及某教育咨询公司均实名认证，林某每周一至周六打卡；每天打卡两次，第一次打卡时间为早9时左右，第二次打卡时间为下午6时左右；打卡地点均为某教育咨询公司所在位置，存在个别日期未打卡情形）、工资支付记录打印件（显示曾因事假扣发工资，扣发日期及天数与打卡记录一致，未显示加班费支付情况）。某教育咨询公司不认可上述证据的真实性，主张林某每周工作5天，但未提交考勤记录、工资支付记录。

申请人请求

请求裁决某教育咨询公司支付加班费10000元。

处理结果

仲裁委员会裁决某教育咨询公司支付林某加班费10000元（裁决为终局裁决）。

案例分析

本案的争议焦点是如何分配林某与某教育咨询公司的举证责任。

《中华人民共和国劳动争议调解仲裁法》第六条规定："发生劳动争议，当事人对自己提出的主张，有责任提供证据。与争议事项有关的证据属于用人单位掌握管理的，用人单位应当提供；用人单位不提供的，应当承担不利后果。"《最高人民法院关于审理劳动争议案件适用法律问题的解释（一）》（法释〔2020〕26号）第四十二条规定："劳动者主张加班费的，应当就加班事实的存在承担举证责任。但劳动者有证据证明用人单位掌握加班事实存在的证据，用人单位不提供的，由用人单位承担不利后果。"从上述条款可知，主张加班费的劳动者有责任按照"谁主张谁举证"的原则，就加班事实的存在提供证据，或者就相关证据属于用人单位掌握管理提供证据。用人单位应当提供而不提供有关证据的，可以推定劳动者加班事实存在。

本案中，虽然林某提交的工资支付记录为打印件，但与实名认证的 APP 打卡记录互相印证，能够证明某教育咨询公司掌握加班事实存在的证据。某教育咨询公司虽然不认可上述证据的真实性，但未提交反证或者作出合理解释，应承担不利后果。故仲裁委员会依法裁决某教育咨询公司支付林某加班费。

典型意义

我国劳动法律将保护劳动者的合法权益作为立法宗旨之一，在实体和程序方面都作出了相应规定。在加班费争议处理中，要充分考虑劳动者举证能力不足的实际情况，根据“谁主张谁举证”原则、证明妨碍规则，结合具体案情合理分配用人单位与劳动者的举证责任。

案例 7. 劳动者超时加班发生工伤，用工单位、劳务派遣单位是否承担连带赔偿责任

基本案情

2017 年 8 月，某服务公司（已依法取得劳务派遣行政许可）与某传媒公司签订劳务派遣协议，约定某服务公司为某传媒公司提供派遣人员，每天工作 11 小时，每人每月最低保底工时 286 小时。2017 年 9 月，某服务公司招用李某并派遣至某传媒公司工作，未为李某缴纳工伤保险。2018 年 8 月、9 月、11 月，李某月工时分别为 319 小时、293 小时、322.5 小时，每月休息日不超过 3 日。2018 年 11 月 30 日，李某工作时间为当日晚 8 时 30 分至 12 月 1 日上午 8 时 30 分。李某于 12 月 1 日凌晨 5 时 30 分晕倒在单位卫生间，经抢救

无效于当日死亡，死亡原因为心肌梗死等。2018 年 12 月，某传媒公司与李某近亲属惠某等签订赔偿协议，约定某传媒公司支付惠某等工亡待遇 42 万元，惠某等不得再就李某工亡赔偿事宜或在派遣工作期间享有的权利，向某传媒公司提出任何形式的赔偿要求。上述协议签订后，某传媒公司实际支付惠某等各项费用计 423497.80 元。此后，李某所受伤害被社会保险行政部门认定为工伤。某服务公司、惠某等不服仲裁裁决，诉至人民法院。

原告诉讼请求

惠某等请求判决某服务公司与某传媒公司连带支付医疗费、一次性工亡补助金、丧葬补助金、供养亲属抚恤金，共计 1193821 元。

某服务公司请求判决不应支付供养亲属抚恤金；应支付的各项赔偿中应扣除某传媒公司已支付款项；某传媒公司承担连带责任。

裁判结果

一审法院判决：按照《工伤保险条例》，因用人单位未为李某参加工伤保险，其工亡待遇由用人单位全部赔偿。某服务公司和某传媒公司连带赔偿惠某等医疗费、一次性工亡补助金、丧葬补助金、供养亲属抚恤金合计 766911.55 元。某传媒公司不服，提起上诉。二审法院判决：驳回上诉，维持原判。

案例分析

本案的争议焦点是李某超时加班发生工伤，用工单位与劳务派遣单位是否应承担连带赔偿责任。

《中华人民共和国劳动法》第三十八条规定：“用人单位应当保证劳动者每周至少休息一日。”第四十一条规定：“用人单位由于生产经营需要，经与工会和劳动者协商后可以延长工作时间，一般每日不得超过一小时；因特殊原因需要延长工作时间的，在保障劳动者身体健康的条件下延长工作时间每日不得超过三小时，但是每月不得超过三十六小时。”《中华人民共和国劳动合同法》第九十二条规定：“用工单位给被派遣劳动者造成损害的，劳务派遣单位与用工单位承担连带赔偿责任。”《国务院关于职工工作时间的规定》（国务院令第174号）第三条规定：“职工每日工作8小时、每周工作40小时。”休息权是劳动者的基本劳动权利，即使在支付劳动者加班费的情况下，劳动者的工作时间仍然受到法定延长工作时间上限的制约。劳务派遣用工中，劳动者超时加班发生工伤，用工单位和劳务派遣单位对劳动者的损失均负有责任，应承担连带赔偿责任。劳动者与用工单位、劳务派遣单位达成赔偿协议的，当赔偿协议存在违反法律、行政法规的强制性规定、欺诈、胁迫或者乘人之危情形时，不应认定赔偿协议有效；当赔偿协议存在重大误解或者显失公平情形时，应当支持劳动者依法行使撤销权。

本案中，某服务公司和某传媒公司协议约定的被派遣劳动者每天工作时间及每月工作保底工时，均严重超过法定标准。李某工亡前每月休息时间不超过3日，每日工作时间基本超过11小时，每月延长工作时间超过36小时数倍，其依法享有的休息权受到严重侵害。某传媒公司作为用工单位长期安排李某超时加班，存在过错，对李某在工作期间突发疾病死亡负有不可推卸的责任。惠某等主张某传媒公司与某服务公司就李某工伤的相关待遇承担连带赔偿责任，应予支持。惠某等虽与某传媒公司达成了赔偿协议，但赔偿协议是在劳动者未经社会保险行政部门认定工伤的情形下签订的，且赔偿协议约定的补偿数额明显低于法定工伤保险待遇标准，某服务公司和某传媒公司应对差额部分予以补足。

典型意义

面对激烈的市场竞争环境，个别用人单位为降低用工成本、追求利润最大化，长期安排劳动者超时加班，对劳动者的身心健康、家庭和睦、参与社会生活等造成了严重影响，极端情况下会威胁劳动者的生命安全。本案系劳动者超时加班发生工伤而引发的工伤保险待遇纠纷，是超时劳动严重损害劳动者健康权的缩影。本案裁判明确了此种情况下用工单位、劳务派遣单位承担连带赔偿责任，可以有效避免劳务派遣用工中出现责任真空的现象，实现对劳动者合法权益的充分保障。同时，用人单位应依法为职工参加工伤保险，保障职工的工伤权益，也能分散自身风险。如用人单位未为职工参加工伤保险，工伤职工工伤保险待遇全部由用人单位支付。

案例 8. 用人单位以规章制度形式否认劳动者加班事实是否有效

基本案情

常某于 2016 年 4 月入职某网络公司。入职之初，某网络公司通过电子邮件告知常某，公司采取指纹打卡考勤。员工手册规定："21：00 之后起算加班时间；加班需由员工提出申请，部门负责人审批。"常某于 2016 年 5 月至 2017 年 1 月期间，通过工作系统累计申请加班 126 小时。某网络公司以公司规章制度中明确 21：00 之后方起算加班时间，21：00 之前的不应计入加班时间为由，拒绝支付常某加班费差额。常某向劳动人事争议仲裁委员会（简称仲裁委员会）申请仲裁，请求裁决某网络公司支付其加班费差额。某网络公司不服仲裁裁决，诉至人民法院。

原告诉讼请求

请求判决不支付常某加班费差额。

裁判结果

一审法院判决：某网络公司支付常某加班费差额 32000 元。双方不服，均提起上诉。二审法院判决：驳回上诉，维持原判。

案例分析

本案的争议焦点是某网络公司以规章制度形式否认常某加班事实是否有效。

《中华人民共和国劳动合同法》第四条规定："用人单位应当依法建立和完善劳动规章制度，保障劳动者享有劳动权利、履行劳动义务。用人单位在制定、修改或者决定有关劳动报酬、工作时间、休息休假、劳动安全卫生、保险福利、职工培训、劳动纪律以及劳动定额管理等直接涉及劳动者切身利益的规章制度或者重大事项时，应当经职工代表大会或者全体职工讨论，提出方案和意见，与工会或者职工代表平等协商确定。……用人单位应当将直接涉及劳动者切身利益的规章制度和重大事项决定公示，或者告知劳动者。"通过民主程序制定的规章制度，不违反国家法律、行政法规及政策规定，并已向劳动者公示的，可以作为确定双方权利义务的依据。

本案中，一方面，某网络公司的员工手册规定有加班申请审批制度，该规定并不违反法律规定，且具有合理性，在劳动者明知此规定的情况下，可以作为确定双方权利义务的依据。另一方面，某网络公司的员工手册规定 21:00 之后起算加班时间，并主张 18:00 至 21:00 是员工晚餐和休息时间，故自 21:00 起算加班。鉴于18:00 至 21:00 时间长达 3 个小时，远超过合理用餐时间，且在下班 3 个小时后再加班，不具有合理性。在某网络公司不能举证证实该段时间为员工晚餐和休息时间的情况下，其规章制度中的该项规定不具有合理性，人民法院依法否定了其效力。人民法院结合考勤记录、工作系统记录等证据，确定了常某的加班事实，判决某网络公司支付常某加班费差额。

典型意义

劳动争议案件的处理，既要保护劳动者的合法权益，亦应促进企业有序发展。合法的规章制度既能规范用人单位用工自主权的行使，又能保障劳动者参与用人单位民主管理，实现构建和谐劳动关系的目的。不合理的规章制度则会导致用人单位的社会声誉差、认同感低，最终引发人才流失，不利于用人单位的长远发展。用人单位制定的合理合法的规章制度，可以作为确定用人单位、劳动者权利义务的依据。一旦用人单位以规章制度形式规避应当承担的用工成本，侵害劳动者的合法权益，仲裁委员会、人民法院应当依法予以审查，充分保护劳动者的合法权益。用人单位应当根据单位实际，制定更为人性化的规章制度，增强劳动者对规章制度的认同感，激发劳动者的工作积极性，从而进一步减少劳动纠纷，为构建和谐劳动关系做出贡献。

案例 9. 劳动者在离职文件上签字确认加班费已结清，是否有权请求支付欠付的加班费

基本案情

2017 年 7 月，肖某与某科技公司（已依法取得劳务派遣行政许可）订立劳动合同，被派遣至某快递公司担任配送员，月工资为基本工资加提成。肖某主张某快递公司在用工期间安排其双休日及法定节假日加班，并提交了工资表。工资表加盖有某科技公司公章，某科技公司和某快递公司均认可其真实性。该工资表显示，2017 年 7 月至 2019 年 10 月期间肖某存在不同程度的双休日加班及法定节假日加班，但仅获得少则 46. 15 元、多则 115. 40 元的出勤补款或节假日补助。2019 年 11 月，肖某向某科技公司提出离职，当日双方签署

离职申请交接表。该表“员工离职原因”一栏显示：“公司未上社会保险，工作压力大、没给加班费。”“员工确认”一栏显示：“经说明，我已知悉《劳动合同法》上的权利和义务，现单位已经将我的工资、加班费、经济补偿结清，我与单位无其他任何争议。本人承诺不再以任何理由向某科技公司及用工单位主张权利。”员工签名处有肖某本人签名。肖某对离职申请交接表的真实性认可，但认为表中“员工确认”一栏虽系其本人签字，但并非其真实意思，若不签字，某科技公司就不让其办理工作交接，该栏内容系某科技公司逃避法律责任的一种方法。肖某不服仲裁裁决，诉至人民法院。

原告诉讼请求

请求判决某科技公司与某快递公司支付加班费 82261 元。

裁判结果

一审法院判决：驳回肖某加班费的诉讼请求。肖某不服，提起上诉。二审法院改判：某科技公司与某快递公司连带支付肖某加班费 24404. 89 元。

案例分析

本案的争议焦点是肖某是否与用人单位就支付加班费达成合法有效的协议。

《最高人民法院关于审理劳动争议案件适用法律问题的解释（一）》（法释〔2020〕26 号）第三十五条规定：“劳动者与用人单位就解除或者终止劳动合同办理相关手续、支付工资报酬、加班费、经济补偿或者赔偿金等达成的协议，不违反法律、行政法规的强制性规定，且不存在欺诈、胁迫或者乘人之危情形的，应当认定有效。”司法实践中，既应尊重和保障双方基于真实自愿合法原则签订的终止或解除劳动合同的协议，也应对劳动者明确持有异议的、涉及劳动者基本权益保护的协议真实性予以审查，依法保护劳动者的合法权益。

本案中，肖某认为离职申请交接表“员工确认”一栏不是其真实意思表示，上面记载的内容也与事实不符。该表中“员工离职原因”与“员工确认”两处表述确实存在矛盾。两家公司均未提供与肖某就加班费等款项达成的协议及已向肖某支付上述款项的证据，且肖某否认双方就上述款项已达成一致并已给付。因此，离职申请交接表中员工确认的“现单位已将我的工资、加班费、经济补偿结清，我与单位无其他任何争议”与事实不符，不能认定为肖某的真实意思表示。本案情形并不符合《最高人民法院关于审理劳动争议案件适用法律问题的解释（一）》第三十五条之规定，故二审法院依法支持肖某关于加班费的诉讼请求。

典型意义

实践中，有的用人单位在终止或解除劳动合同时，会与劳动者就加班费、经济补偿或赔偿金等达成协议。部分用人单位利用其在后续工资发放、离职证明开具、档案和社会保险关系转移等方面的优势地位，借机变相迫使劳动者在用人单位提供的格式文本上签字，放弃包括加班费在内的权利，或者在未足额支付加班费的情况下让劳动者签字确认加班费已经付清的事实。劳动者往往事后反悔，提起劳动争议仲裁与诉讼。本案中，人民法院最终依法支持劳动者关于加班费的诉讼请求，既维护了劳动者合法权益，对用人单位日后诚信协商、依法保护劳动者劳动报酬权亦有良好引导作用，有助于构建和谐稳定的劳动关系。劳动者在签署相关协议时，亦应熟悉相关条款含义，审慎签订协议，通过合法途径维护自身权益。

案例 10. 加班费的仲裁时效应当如何认定

基本案情

张某于 2016 年 7 月入职某建筑公司从事施工管理工作，2019 年 2 月离职。工作期间，张某存在加班情形，但某建筑公司未支付其加班费。2019 年 12 月，张某向劳动人事争议仲裁委员会申请仲裁，请求裁决某建筑公司依法支付其加班费，某建筑公司以张某的请求超过仲裁时效为由抗辩。张某不服仲裁裁决，诉至人民法院。

原告诉讼请求

请求判决某建筑公司支付加班费 46293 元。

裁判结果

一审法院判决：某建筑公司支付张某加班费 18120 元。张某与某建筑公司均未提起上诉，一审判决已生效。

案例分析

本案争议焦点是张某关于加班费的请求是否超过仲裁时效。

《中华人民共和国劳动争议调解仲裁法》第二十七条规定："劳动争议申请仲裁的时效期间为一年。仲裁时效期间从当事人知道或者应当知道其权利被侵害之日起计算。……劳动关系存续期间因拖欠劳动报酬发生争议的，劳动者申请仲裁不受本条第一款规定的仲裁时效期间的限制；但是，劳动关系终止的，应当自劳动关系终止之日起一年内提出。"《中华人民共和国劳动法》第四十四条规定："有下列情形之一的，用人单位应当按照下列标准支付高于劳动者正常工作时间工资的工资报酬……"。《关于工资总额组成的规定》（国家统计局令第 1 号）第四条规定："工资总额由下列六个部分组成：……（五）加班加点工资"。仲裁时效分为普通仲裁时效和特别仲裁时效，在劳动关系存续期间因拖欠劳动报酬发生劳动争议的，应当适用特别仲裁时效，即劳动关系存续期间的拖欠劳动报酬仲裁时效不受“知道或者应当知道权利被侵害之日起一年”的限制，但是劳动关系终止的，应当自劳动关系终止之日起一年内提出。加班费属于劳动报酬，相关争议处理中应当适用特别仲裁时效。

本案中，某建筑公司主张张某加班费的请求已经超过了一年的仲裁时效，不应予以支持。人民法院认为，张某与某建筑公司的劳动合同于 2019 年 2 月解除，其支付加班费的请求应自劳动合同解除之日起一年内提出，张某于 2019 年 12 月提出仲裁申请，其请求并未超过仲裁时效。根据劳动保障监察机构在执法中调取的工资表上的考勤记录，人民法院认定张某存在加班的事实，判决某建筑公司支付张某加班费。

典型意义

时效是指权利人不行使权利的事实状态持续经过法定期间，其权利即发生效力减损的制度。作为权利行使尤其是救济权行使期间的一种，时效既与当事人的实体权利密切相关，又与当事人通过相应的程序救济其权益密不可分。获取劳动报酬权是劳动权益中最基本、最重要的权益，考虑劳动者在劳动关系存续期间的弱势地位，法律对于拖欠劳动报酬争议设置了特别仲裁时效，对于有效保护劳动者权益具有重要意义。

检察机关依法惩治拒不支付劳动报酬犯罪典型案例[①]

（2023 年 1 月 12 日）

1. 江西范某某拒不支付劳动报酬案

基本案情

2018 年 8 月，范某某挂靠江西某建筑劳务有限公司（下称劳务公司），以该劳务公司名义从某建设有限公司（下称建设公司）承接南昌市某项目劳务工程。2018 年 9 月至 2020 年 1 月，该项目实际施工负责人范某某陆续雇佣 20 余个农民工班组进场施工。施工结束后，建设公司支付劳务费人民币 1967 万余元，并转至范某某实际掌控的银行账户内。2020 年 1 月，因范某某拖欠农民工工资，该项目工程处于停工状态，工人们陆续向南昌市高新区劳动监察大队反映被拖欠工资情况。为妥善支付工人工资，建设公司以商业承兑汇票的形式，额外结算人民币 100 万元用于发放所拖欠的工人工资，但范某某收到汇票后，仍拒不付清拖欠的工人工资。2020 年 10 月 23 日，南昌市高新区劳动监察局下达《劳动保障监察限期整改指令书》，但范某某既不提交该项目的全体员工名册、劳动合同、考勤记录表、工资表、支付凭证等相关材料，也不按照限期整改指令书进

① 《检察机关依法惩治拒不支付劳动报酬犯罪典型案例》，载中华人民共和国最高人民检察院网 2023 年 1 月 12 日，https：//www. spp. gov. cn/spp/xwfbh/wsfbt/202301/t20230112_598310. shtml#2。

行整改。截至案发，范某某拒不支付220余名工人工资总计人民币623万余元。

诉讼过程

2021年2月10日，南昌市公安局高新分局立案侦查此案，范某某得知后潜逃，同年10月19日被抓获归案，11月2日被依法批准逮捕。2021年12月29日，南昌市高新区人民检察院对范某某拒不支付劳动报酬一案提起公诉。庭审过程中，因范某某当庭翻供不认罪，高新区人民检察院提出有期徒刑三年的量刑建议。2022年5月7日，南昌市高新区人民法院一审判决认定范某某犯拒不支付劳动报酬罪，判处有期徒刑三年，并处罚金人民币十五万元。范某某收到一审判决后提出上诉。2022年9月26日，南昌市中级人民法院二审裁定驳回上诉，维持原判。

检察履职过程

1. 提前介入侦查，准确认定犯罪主体。南昌市高新区人民检察院依托“两法衔接”机制，通过信息共享平台发现劳务公司欠薪数额大、涉及人数多，拒不支付劳动报酬行为可能涉嫌犯罪，遂依法启动监督程序，建议高新区劳动监察局向公安机关移送犯罪线索，并监督公安机关及时立案侦查。检察机关通过提前介入侦查，引导公安机关收集、固定证据，促进行政执法与刑事司法的有效衔接。随着侦查机关取证的深入，确定范某某系挂靠劳务公司实施了本案犯罪行为，范某某系本案犯罪嫌疑人。

2. 开展补充侦查，完善证据追加起诉。公安机关移送审查起诉后，南昌市高新区人民检察院立即采取公告方式发布被害人诉讼权利义务告知书，部分之前未报案的被欠薪工人陆续向公安机关、检察机关提供新的证据材料。检察机关采取自行补充侦查和协调公安机关配合的方式补充侦查、完善证据。在法庭审理过程中，仍有部分被欠薪工人向检察机关提供证据材料，检察机关根据新查明的犯罪事实依法追加起诉，通过全面依法指控，准确有力惩治“恶意欠薪”行为，确保办案效果。

3. 协同化解涉案风险，拓宽渠道追讨欠薪。由于本案被害人人数众多，被欠薪工人诉求强烈，极易引发社会不稳定因素，检察机关做好工作预案的同时，与区管委会组织与人力资源部、应急管理局信访办等部门联动，耐心释法说理，安抚工人情绪，引导理性维权。同时，与区劳动监察局、涉案建设公司多次沟通，协调建设公司积极筹得薪资 441 万余元垫付给欠薪工人。检察机关还对部分生活困难的被害人开展了国家司法救助，劳动者的劳动权益、劳动成果得到有效维护。

4. 制发检察建议，推动完善机制。针对本案反映出的农民工用工及工资支付方面的监督管理问题，高新区人民检察院向区管理委员会组织与人力资源部发出检察建议，从全面履行农民工工资支付监督管理职责，督促加强对农民工劳动用工的监督管理，深入落实行政执法与刑事司法衔接工作等方面提出具体建议。区管理委员会采纳检察建议，建立完善跨部门、跨领域的联动机制，定期共同开展专项整治，建立了打击“恶意欠薪”长效合作机制。

典型意义

1. 依托“两法衔接”强化立案监督，从严打击恶意欠薪行为。高新区人民检察院坚持以人民为中心的司法理念，对于情节恶劣，后果严重，经刑事立案追缴仍不履行支付义务的犯罪嫌疑人，依法从重打击、从严惩处。检察机关主动履行监督职责，依托“两法衔接”机制，开展保障农民工工资支付排查工作，发现线索及时启动立案监督。坚持以办案为核心，综合运用提前介入、自行补充侦查和协调公安机关补充侦查等方式完善证据，注重全过程接收被害人提供的新证据材料，依法从严从快批准逮捕，有新的犯罪事实依法追加起诉，准确认定。对于态度恶劣、拒不认罪悔罪的，从重提出量刑建议，有效发挥刑罚的惩治和震慑作用。

2. 打击、追讨、司法救助同步，守护“民薪”赢得“民心”。该案涉案金额大、受害人数多，案发时正值疫情期间，检察机关在办案中坚持依法惩治“恶意欠薪”违法犯罪与“为民办实事”并重。在妥善处理农民工群体追索欠薪诉求时，检察机关协调相关单位共同商议挽回被欠薪工人工资损失的解决方案，并依法开展司法救助，形成化解社会矛盾纠纷的合力。主动服务社会发展大局，深入调查研究，发现案件背后的社会管理漏洞，通过发出检察建议系统性、根源性解决相关问题，推动诉源治理，达到“办理一案，治理一片”的良好效果。

2. 湖南某光电科技有限公司、柏某拒不支付劳动报酬案

基本案情

2020年4月至6月，湖南省张家界市某光电科技有限公司（下称光电科技有限公司）法定代表人柏某，陆续招用郁某某、王某某等人从事公司电子加工等工作。工作期间，光电科技有限公司拖欠郁某某、王某某等30名员工工资共计137119元。劳动监察保障大队先后向该光电科技有限公司及柏某下达四次行政指令，责令其支付所欠员工工资，逾期仍未执行，同时柏某以在外地出差为由拒不接受行政指令发放拖欠员工工资，并频繁变更联系电话，逃匿支付员工工资。

诉讼过程

2021年10月28日，柏某被公安机关抓获到案，经桑植县人民

检察院批准，2021 年 11 月 9 日被执行逮捕。同年 12 月 3 日，公安机关将该案移送审查起诉。审查起诉期间，柏某与 30 名劳动者达成还款协议，并支付部分拖欠工资 67750 元。经召开听证会，2021 年 12 月 24 日检察机关决定对其改变强制措施为取保候审。经审查，2022 年 6 月 1 日检察机关追加该光电科技有限公司为被告单位，对该单位及法定代表人柏某提起公诉。柏某自愿认罪认罚，检察机关建议对其判处有期徒刑八个月，适用缓刑，对被告单位判处罚金。一审法院采纳检察机关量刑建议，被告单位及被告人认罪服判。

检察履职情况

1. 依法批准逮捕，切实保障刑事诉讼，维护劳动者合法权益。该案提请批准逮捕时正值春节前夕，被欠薪人数较多，农民工要求追回欠薪的诉求强烈。犯罪嫌疑人长期逃匿在外，拒不支付劳动报酬，被公安机关从外地抓获到案，鉴于其具有逃跑可能，检察机关依法对柏某作出批准逮捕决定。

2. 释法说理，追回部分拖欠劳动报酬。依法追缴劳动报酬对 30 名农民工尤其是其中的多名贫困户具有重要意义。为此，检察机关在办案中强化对柏某的释法说理工作，促使其认识到自己行为的严重危害性，侵害了农民工的合法权益。同时也考虑到公司经营受经济形势影响，柏某经济状况无法支付全部欠款，经与被害方代表多次沟通，最终促使柏某达成了部分支付劳动报酬的还款协议。2021 年 12 月 8 日，柏某委托家属代为支付部分拖欠工资 67750 元。

3. 能动履职，追加遗漏欠薪被害人。检察机关在审查起诉过程中发现有遗漏的被害人，及时通知公安机关、行政执法部门联系相关被害人，在补充工资明细表、向柏某核实情况等相关证据后，继续帮助追讨遗漏部分被害人工资，最终全部被害人的权益均充分得到保障。

4. 全面审查在案证据，追加起诉被告单位。检察机关在审查案件证据时，发现拖欠工资、双方签订合同的主体均是劳动者和该光电科技有限公司。于是追加该光电科技有限公司为被告单位，最终法院对被告单位判处罚金。

5. 落实宽严相济刑事政策，全力提升办案质效。在柏某与被害人达成还款协议后，检察机关召开了听证会，经听取各方面意见，为保障企业继续经营，对柏某变更为取保候审强制措施。同时，检察机关继续关注柏某的还款落实情况，发现其已在积极筹措资金还款，并自愿认罪认罚，综合其犯罪事实、情节、认罪悔罪表现，司法局出具的社区矫正意见等，依法对柏某提出适用缓刑的量刑建议。

典型意义

当前办理此类案件中，存在追究自然人犯罪多、追究单位犯罪少，单位犯罪认定难度大的问题。本案检察机关在案件审理中，发现侦查机关移送审查起诉时没有追究相关涉案单位的刑事责任。在进一步审查案件事实证据后，检察机关发现本案光电科技有限公司是经工商登记依法成立的合法单位，具备主体资格，郁某某等30名员工均是与该公司签订的劳动合同，该光电科技有限公司构成单位犯罪事实清楚，证据确实、充分。为了充分保障劳动者合法权益，最大限度追讨回欠薪，检察机关将光电科技有限公司追加为被告单位进行起诉，为欠薪企业划出红线。

3. 江苏潘某某拒不支付劳动报酬不起诉案

基本案情

2019年，江苏省宜兴市某有限公司承建沛县新城区污水处理厂配套管网工程。2020年3月至7月间，该公司法定代表人潘某某从发包公司结算工程款和工人工资等合计人民币 1816 万余元。但其收到款项后并未按照合同约定支付各工程队劳务工资，共计拖欠 23 名工人工资 67.44 万元。工人多次投诉、信访反映此情况。沛县人力资源和社会保障局于 2020 年 12 月 6 日、12 月 18 日先后两次向该公司下达《劳动保障监察限期改正指令书》，责令其支付拖欠的工人工资，但潘某某逃匿外地拒不支付。

诉讼过程

2020 年 12 月 23 日，沛县人力资源和社会保障局将该案移送至沛县公安局立案侦查。2021 年 3 月 10 日，检察机关对潘某某依法作出批准逮捕决定。在审查起诉阶段，检察机关综合考虑疫情影响、稳定就业、助民企纾困等多种因素，建议公安机关对潘某某变更强制措施。在潘某某认罪认罚、全部清偿拖欠工人工资、取得被害人谅解后，2022 年 3 月 2 日，检察机关对其作出相对不起诉决定。

检察履职过程

1. 准确把握“恶意欠薪”逮捕标准，依法批准逮捕犯罪嫌疑人。潘某某作为民营企业经营者，拒不支付农民工劳动报酬并逃匿外地，引发上访，在审查逮捕阶段拒不认罪，对于发包方支付的工程款拒不交代去向，具有妨碍诉讼的可能。检察机关聚焦农民工合法权益保障，详细查阅工人工资清单、企业账目往来等材料，主动对接人力资源和社会保障局，在确认潘某某有能力支付而拒不支付且逃匿的事实后，依法作出批准逮捕决定。

2. 保就业促稳定，开展羁押必要性审查。在批捕后的侦查阶段，潘某某的辩护人向检察机关提交了取保候审申请书。检察机关及时开展实地走访，了解到该涉案企业承揽的工程系沛县民生工程，工人达 100 余人，且案发正值疫情初期，经济下行，若继续羁押潘某某可能对企业发展及职工就业产生较大影响。经充分考量农民工的稳定就业及涉案民营企业的持续经营问题，检察机关对潘某某开展了羁押必要性审查，依法建议公安机关对潘某某变更为取保候审强制措施。

3. 开展多方协作，促成农民工工资全部清偿。开展羁押必要性审查期间，检察机关主动邀请工程发包方、工人代表、辩护律师进行面对面沟通。向工程发包方阐明案件事实及工人疾苦，促使发包方先行垫付工人工资30余万元；向犯罪嫌疑人及其辩护人开示全案证据，逐笔核算发包方向其支付的工程款，督促潘某某自愿认罪认罚并支付剩余拖欠的30余万元工资，促成工人工资全部清偿，化解了工资拖欠矛盾；向工人代表耐心释法说理，促使工人对潘某某予以谅解。

4. 深化诉源治理，督促启动企业合规审查。针对涉案企业在财务和人事管理方面存在的问题，在涉案企业表达合规意愿后，2021年10月，检察机关邀请第三方评估机构启动企业合规整改，设立合规事务部，补充制定《合规管理办法》等制度，构建合规文化体系；设立农民工维权告示牌，公布用工主体的联系方式及劳动保障监察投诉电话；建立农民工花名册和工资支付表，加强考勤统计；设立工资保证金，专项用于支付农民工被拖欠工资；明确施工方、分包方具体职责，完善劳动合同、进出场登记、考勤等方面的管理。2022年1月15日，该企业合规整改完毕并通过验收，累计建立完善相关制度5项，整改问题12个。

5. 开展专项调研，制发检察建议力促行业规范。鉴于工程建设领域农民工欠薪问题频发，为切实保障农民工合法权益，维护社会和谐稳定，深化诉源治理，检察机关向沛县人力资源和社会保障局调阅了近三年欠薪案件，发现存在立案调查不及时、“两法衔接”意识不强、农民工权益保障不到位等问题。2021年6月，检察机关向该局制发检察建议，推动其会同公安、住建等部门在全县开展了为期两个月的农民工工资支付情况专项检查，开展劳动监察执法培训，督促指导20余家企业完善劳动合同、用工管理等制度，全面保障劳动者合法权益。

典型意义

1. 依法充分履职，及时开展羁押必要性、起诉必要性审查。检察机关办理拒不支付劳动报酬案件，应在查明事实的基础上，依法履行审查逮捕、审查起诉、羁押必要性审查等职能。坚持打击欠薪犯罪与追讨欠薪并重，充分发挥认罪认罚从宽制度功效，贯彻落实少捕慎诉慎押刑事司法政策，动态审查把握犯罪嫌疑人社会危险性变化条件，对已无继续羁押必要的，及时依法变更或解除羁押强制措施，或向相关机关提出建议。尽可能实现案件办理和矛盾化解一体化推进，积极开展释法说理工作，主动对接辩护律师、工程发包方、犯罪嫌疑人家属等多方，必要时与行政主管部门衔接联动，促成劳动报酬足额支付，经审查对依法不需要刑罚处罚、没有起诉必要的，依法作出相对不起诉处理。

2. 依法启动企业合规整改，助推民营企业健康发展。检察机关在办案过程中，应充分考量疫情冲击、经济下行等多重叠加因素，统筹做好防风险、保安全、护稳定、促发展等各项工作。坚持以法治稳企业稳预期，对涉案民营企业负责人开展羁押必要性、起诉必要性审查，最大限度降低刑事司法活动对涉案企业的影响，为工人持续就业提供稳定的工作环境，对涉案企业开展企业合规审查，推动企业建立合规体系，完善用工、薪资及财务管理各项制度。推动民营企业规范运营，以“真合规”“真整改”助推民营企业健康发展。

4. 贵州刘某某拒不支付劳动报酬不起诉案

基本案情

刘某某系某劳务公司法定代表人。2021年4月，该公司从贵州某建筑公司承接贵阳市双龙航空港经济区某施工项目，刘某某雇佣李某、王某等18名农民工加工制作“钢筋笼”。工程结束后，刘某某仅向李某等人支付部分工资，李某等人多次讨薪未果，于2021年9月到劳动监察部门反映该情况。经调查，发包方已全额支付工程款，刘某某在有能力支付的情况下，拖欠李某等18人工资23.32万元。劳动监察部门向刘某某下达《劳动保障监察责令改正决定书》责令限期支付。至整改期届满，刘某某仍未支付。劳动监察部门遂将该案移送公安机关。2021年11月11日刘某某到公安机关自首。

诉讼过程

2021年11月12日，刘某某因涉嫌拒不支付劳动报酬罪被刑事拘留，同月15日公安机关向贵阳市南明区人民检察院提请审查逮捕。检察机关积极推动矛盾化解工作，刘某某表示愿意支付拖欠的劳动报酬，南明区人民检察院作出不批准逮捕决定。公安机关于2022年10月25日将该案移送南明区人民检察院审查起诉，因犯罪情节轻微、社会矛盾已得到有效化解，2022年11月3日，南明区人民检察院依法对刘某某作出不起诉决定。

检察履职过程

1. 紧扣关键节点促进矛盾化解，依法落实少捕慎诉慎押刑事司法政策。审查逮捕阶段，检察机关通过走访被害人，发现春节将至被拖欠工资的18位农民工仍奔波在讨薪维权路上，其中王某在施工中受伤亟需治疗，因家庭困难无力支付医疗费用，只能靠工友们捐款医治。为保障农民工在春节前能及时拿到欠薪，办案人员多次释法说理，刘某某终于表示愿意筹款支付所拖欠工资。鉴于刘某某具有自首情节且自愿认罪认罚，采取取保候审强制措施不致发生社会危险性，且不捕有利于其筹措资金支付工人工资，遂依法作出不批准逮捕决定。在检察机关督促下，春节前刘某某将拖欠的 23.32 万元全额支付，18 名农民工表示谅解刘某某。审查起诉阶段，综合考虑刘某某自首、自愿认罪认罚且获得被害人谅解等情节，该案符合犯罪情节轻微、依照刑法规定不需要判处刑罚或免除处罚的条件，检察机关依法对刘某某作出相对不起诉决定。

2. 制发检察建议，引导开展小微企业合规。办案中，检察机关发现刘某某经营的劳务公司存在工资支付制度不健全、资金管理混乱、管理人员法治观念淡薄等问题。该公司虽为小微企业，但在本市承接多个建设项目，涉及农民工上百人。考虑到公司有合规意愿，检察机关遂通过检察建议督促其开展合规整改。该公司及时制定整改方案、建立健全相关制度机制，堵塞管理漏洞。通过 2 个月的合规考察期，检察机关及相关部门对企业合规整改进行验收，检察机关组织召开听证会，听取人大代表、政协委员、人民监督员等听证员意见，一致认可企业整改成效，经评估通过合规考察。

3. 推动诉源治理，构建常态化治理体系。为进一步抓好保障农民工工资支付专项工作，南明区人民检察院探索建立“233”工作法，即深化提高政治站位、践行新时代“枫桥经验”两项认识，立足提前介入引导侦查、立案监督与侦查活动监督三项职能，搭建拒不支付劳动报酬专案查办、“诉前和解 + 检调对接”“行政 + 司法 + 新媒体”衔接融合三项机制，积极参与社会综合治理。开通拒不支付劳动报酬案件专案查办通道，抽调业务骨干组建专业化办案团队，因案施策，2021 年以来为 70 余名农民工追回劳动报酬 80 余万元。

检察机关将执法办案与化解社会矛盾相结合，加强与人民调解组织的衔接配合，将涉及农民工工资支付类案件纳入诉前矛盾调解工作范畴，促使当事人达成刑事和解，2021 年以来办理的拒不支付劳动报酬案件全部实现“一案一和”、案结事了。

典型意义

拒不支付劳动报酬案件办理是“小案件、大民生”的生动写照。检察机关在拒不支付劳动案件办理中，除了发挥刑罚的打击震慑效果，更重要的在于帮助农民工追回被拖欠的工资，增强执法活动的实效性。本案在拒不支付劳动报酬案件中属涉案金额不大的“小案”，但检察机关不因“案小”而简化工作、简单办理，而是将帮助农民工拿回血汗钱、救命钱始终作为根本职责与重大使命，在“小案”上下“大功夫”。检察机关积极能动履职，深入实地走访，了解到个别多次讨薪未果的农民工面临着就医、生活等实际困境，单纯的刑事打击、就案办案并不能直接缓解被欠薪者的困难处境；及时组织劳资双方座谈，联合多部门制定追缴工资方案并督促落实到位；督促涉案人员及时筹集资金，直到帮助农民工拿回血汗钱。把每一个关系老百姓利益、弱势群体保护的“小案”当成检察机关“天大的案件”认真办理，是检察机关落实以人民为中心的发展思想的生动写照。

5. 湖北兰某某拒不支付劳动报酬案

基本案情

兰某某系鄂州市花湖经济开发区海旺汽车服务有限公司（下称海旺公司）法定代表人。自 2018 年起，海旺公司因经营不善，陆续出现拖欠员工工资情形，截至 2021 年 12 月，海旺公司共拖欠王某、金某某等28名员工工资153万余元。

2021年10月14日，鄂州市鄂城区人力资源和社会保障局向兰某某送达《劳动保障监察调查询问通知书》，要求兰某某于同月25日核对《员工拖欠工资投诉表》并到区人社局接受调查。兰某某核对员工工资后，承诺在40天左右支付拖欠的工资。区人社局于10月25日向海旺公司送达《劳动保障监察限期改正指令书》，责令海旺公司于同年11月6日前足额支付拖欠的员工工资，但兰某某在承诺期限内未支付拖欠工资。区人社局于同年12月8日和12月13日多次发送短信要求兰某某于当月13日之前到区人社局接受调查。兰某某回复收到短信并说明其在十堰市处理欠款事宜，三日内返回鄂州。后未如期接受调查。

诉讼过程

2022年1月19日，区人社局以兰某某涉嫌拒不支付劳动报酬罪移送公安机关处理。鄂州市公安局鄂城区分局于2022年3月4日决定对兰某某涉嫌拒不支付劳动报酬罪一案立案侦查。3月7日，兰某某经公安民警电话通知后主动到案，并如实供述上述事实。5月31日，鄂州市公安局鄂城区分局以兰某某涉嫌拒不支付劳动报酬罪提请鄂城区人民检察院审查批准逮捕。该院于同年6月13日决定对兰某某不批准逮捕。后在检察机关建议下，公安机关决定对本案予以撤销。

检察履职情况

1. 严把事实证据关，依法审查是否构成犯罪。检察机关经审查发现，兰某某辩解其离开本地并非逃匿，而是去筹集资金以支付拖欠员工的工资。因本案未查明兰某某到十堰的具体情况，也未查明兰某某及海旺公司名下资产情况，检察机关遂要求公安机关及时补充上述证据，同时积极开展调查。经向多名员工调查得知，兰某某从2021年开始出现嗜睡不醒症状，而后返回十堰市休养，但电话、微信并未失联，经公安机关传唤后能够及时到案。经审查认为，兰某某未在指定时间指定地点接受区人社局调查，但其能够作出合理解释且并未失联，因此不能认定兰某某系采取逃匿方式逃避支付劳动报酬。后公安机关查明海旺公司账户和兰某某个人账户均无资金，兰某某无转移财产或有能力支付而拒不支付劳动报酬的行为。据员工代表反映，大部分被欠薪员工均在海旺公司长期工作，一致认为兰某某为人仗义，公司经营不善也是客观原因所致，他们去劳动监察部门投诉，是担心兰某某转移财产，从而导致其权益无法得到保障。根据2020年最高检《关于充分发挥检察职能服务保障“六稳”“六保”的意见》，要充分考虑企业生产经营实际，注意把握企业因资金周转困难拖欠劳动报酬与恶意欠薪的界限。检察机关经综合分析，兰某某的行为不属恶意欠薪行为，不宜认定为构成犯罪，遂建议公安机关撤销案件。

2. 开展公开听证，有效化解员工心结。检察机关同步引导劳动者通过现行法律规定的救济途径依法维护合法权益，邀请镇党委书记共同上门释法说理，并为解决欠薪难题研究方案，最终达成通过民事诉讼进行维权的初步意见。鄂城区人民检察院组成刑事检察官和民事检察官联合办案团队，针对是否对兰某某批准逮捕和是否民事支持起诉召开听证会，员工代表和听证员一致同意不批准逮捕兰某某，并同意检察机关民事支持起诉。

3. 民事支持起诉，保障员工合法权益。鄂城区人民检察院查明兰某某公司陷入困难，无法正常生产经营，虽然没有支付拖欠工资的资金，但名下有土地和资质等不动产和无形资产，围绕员工要回被拖欠工资这一主要诉求，决定刑民协同履职、一体化办案。民事检察官迅速介入，引导员工首先通过民事诉讼进行确权，防止资产非正常转移。在征得涉案员工同意后，鄂城区人民检察院又及时向鄂城区人民法院支持起诉。2022 年 6 月 31 日，在法院主持下，双方达成调解协议。

典型意义

检察机关在办理本案中，注重统筹兼顾，刑民协同，能动履职，充分发挥刑事检察和民事检察职能联动作用。检察机关要通过沟通协调，将检察机关支持起诉、化解民事争议职能与人社部门劳动监察职能相衔接，共同推动解决拖欠劳动者工资问题整治工作。通过定期召开刑事、民事、行政检察部门联席会议，强化信息共享、线索移送、一体化办案，防范化解劳资矛盾。刑检部门发现相关案件属于民事纠纷，且有必要支持起诉的，要及时通报民事检察部门。同时，民事检察部门发现案件中存在犯罪线索的，应主动通报刑事检察部门，使检察机关助力保障民生工作进一步制度化、规范化。

附录二

最高人民法院关于审理劳动争议案件适用法律问题的解释（一）

（2020 年 12 月 25 日最高人民法院审判委员会第 1825 次会议通过 2020 年 12 月 29 日公布 法释〔2020〕26 号 自 2021 年 1 月 1 日起施行）

为正确审理劳动争议案件，根据《中华人民共和国民法典》《中华人民共和国劳动法》《中华人民共和国劳动合同法》《中华人民共和国劳动争议调解仲裁法》《中华人民共和国民事诉讼法》等相关法律规定，结合审判实践，制定本解释。

第一条 劳动者与用人单位之间发生的下列纠纷，属于劳动争议，当事人不服劳动争议仲裁机构作出的裁决，依法提起诉讼的，人民法院应予受理：

（一）劳动者与用人单位在履行劳动合同过程中发生的纠纷；

（二）劳动者与用人单位之间没有订立书面劳动合同，但已形成劳动关系后发生的纠纷；

（三）劳动者与用人单位因劳动关系是否已经解除或者终止，以及应否支付解除或者终止劳动关系经济补偿金发生的纠纷；

（四）劳动者与用人单位解除或者终止劳动关系后，请求用人单位返还其收取的劳动合同定金、保证金、抵押金、抵押物发生的纠纷，或者办理劳动者的人事档案、社会保险关系等移转手续发生的纠纷；

（五）劳动者以用人单位未为其办理社会保险手续，且社会保险经办机构不能补办导致其无法享受社会保险待遇为由，要求用人单位赔偿损失发生的纠纷；

（六）劳动者退休后，与尚未参加社会保险统筹的原用人单位因追索养老金、医疗费、工伤保险待遇和其他社会保险待遇而发生的纠纷；

（七）劳动者因为工伤、职业病，请求用人单位依法给予工伤保险待遇发生的纠纷；

（八）劳动者依据劳动合同法第八十五条规定，要求用人单位支付加付赔偿金发生的纠纷；

（九）因企业自主进行改制发生的纠纷。

第二条 下列纠纷不属于劳动争议：

（一）劳动者请求社会保险经办机构发放社会保险金的纠纷；

（二）劳动者与用人单位因住房制度改革产生的公有住房转让纠纷；

（三）劳动者对劳动能力鉴定委员会的伤残等级鉴定结论或者对职业病诊断鉴定委员会的职业病诊断鉴定结论的异议纠纷；

（四）家庭或者个人与家政服务人员之间的纠纷；

（五）个体工匠与帮工、学徒之间的纠纷；

（六）农村承包经营户与受雇人之间的纠纷。

第三条 劳动争议案件由用人单位所在地或者劳动合同履行地的基层人民法院管辖。

劳动合同履行地不明确的，由用人单位所在地的基层人民法院管辖。

法律另有规定的，依照其规定。

第四条 劳动者与用人单位均不服劳动争议仲裁机构的同一裁

决，向同一人民法院起诉的，人民法院应当并案审理，双方当事人互为原告和被告，对双方的诉讼请求，人民法院应当一并作出裁决。在诉讼过程中，一方当事人撤诉的，人民法院应当根据另一方当事人的诉讼请求继续审理。双方当事人就同一仲裁裁决分别向有管辖权的人民法院起诉的，后受理的人民法院应当将案件移送给先受理的人民法院。

第五条 劳动争议仲裁机构以无管辖权为由对劳动争议案件不予受理，当事人提起诉讼的，人民法院按照以下情形分别处理：

（一）经审查认为该劳动争议仲裁机构对案件确无管辖权的，应当告知当事人向有管辖权的劳动争议仲裁机构申请仲裁；

（二）经审查认为该劳动争议仲裁机构有管辖权的，应当告知当事人申请仲裁，并将审查意见书面通知该劳动争议仲裁机构；劳动争议仲裁机构仍不受理，当事人就该劳动争议事项提起诉讼的，人民法院应予受理。

第六条 劳动争议仲裁机构以当事人申请仲裁的事项不属于劳动争议为由，作出不予受理的书面裁决、决定或者通知，当事人不服依法提起诉讼的，人民法院应当分别情况予以处理：

（一）属于劳动争议案件的，应当受理；

（二）虽不属于劳动争议案件，但属于人民法院主管的其他案件，应当依法受理。

第七条 劳动争议仲裁机构以申请仲裁的主体不适格为由，作出不予受理的书面裁决、决定或者通知，当事人不服依法提起诉讼，经审查确属主体不适格的，人民法院不予受理；已经受理的，裁定驳回起诉。

第八条 劳动争议仲裁机构为纠正原仲裁裁决错误重新作出裁决，当事人不服依法提起诉讼的，人民法院应当受理。

第九条 劳动争议仲裁机构仲裁的事项不属于人民法院受理的案件范围，当事人不服依法提起诉讼的，人民法院不予受理；已经受理的，裁定驳回起诉。

第十条 当事人不服劳动争议仲裁机构作出的预先支付劳动者劳动报酬、工伤医疗费、经济补偿或者赔偿金的裁决，依法提起诉讼的，人民法院不予受理。

用人单位不履行上述裁决中的给付义务，劳动者依法申请强制执行的，人民法院应予受理。

第十一条 劳动争议仲裁机构作出的调解书已经发生法律效力，一方当事人反悔提起诉讼的，人民法院不予受理；已经受理的，裁定驳回起诉。

第十二条 劳动争议仲裁机构逾期未作出受理决定或仲裁裁决，当事人直接提起诉讼的，人民法院应予受理，但申请仲裁的案件存在下列事由的除外：

（一）移送管辖的；

（二）正在送达或者送达延误的；

（三）等待另案诉讼结果、评残结论的；

（四）正在等待劳动争议仲裁机构开庭的；

（五）启动鉴定程序或者委托其他部门调查取证的；

（六）其他正当事由。

当事人以劳动争议仲裁机构逾期未作出仲裁裁决为由提起诉讼的，应当提交该仲裁机构出具的受理通知书或者其他已接受仲裁申请的凭证、证明。

第十三条 劳动者依据劳动合同法第三十条第二款和调解仲裁法第十六条规定向人民法院申请支付令，符合民事诉讼法第十七章督促程序规定的，人民法院应予受理。

依据劳动合同法第三十条第二款规定申请支付令被人民法院裁定终结督促程序后，劳动者就劳动争议事项直接提起诉讼的，人民法院应当告知其先向劳动争议仲裁机构申请仲裁。

依据调解仲裁法第十六条规定申请支付令被人民法院裁定终结督促程序后，劳动者依据调解协议直接提起诉讼的，人民法院应予受理。

第十四条 人民法院受理劳动争议案件后，当事人增加诉讼请求的，如该诉讼请求与讼争的劳动争议具有不可分性，应当合并审理；如属独立的劳动争议，应当告知当事人向劳动争议仲裁机构申请仲裁。

第十五条 劳动者以用人单位的工资欠条为证据直接提起诉讼，诉讼请求不涉及劳动关系其他争议的，视为拖欠劳动报酬争议，人民法院按照普通民事纠纷受理。

第十六条 劳动争议仲裁机构作出仲裁裁决后，当事人对裁决中的部分事项不服，依法提起诉讼的，劳动争议仲裁裁决不发生法律效力。

第十七条 劳动争议仲裁机构对多个劳动者的劳动争议作出仲裁裁决后，部分劳动者对仲裁裁决不服，依法提起诉讼的，仲裁裁决对提起诉讼的劳动者不发生法律效力；对未提起诉讼的部分劳动者，发生法律效力，如其申请执行的，人民法院应当受理。

第十八条 仲裁裁决的类型以仲裁裁决书确定为准。仲裁裁决书未载明该裁决为终局裁决或者非终局裁决，用人单位不服该仲裁裁决向基层人民法院提起诉讼的，应当按照以下情形分别处理：

（一）经审查认为该仲裁裁决为非终局裁决的，基层人民法院应予受理；

（二）经审查认为该仲裁裁决为终局裁决的，基层人民法院不予受理，但应告知用人单位可以自收到不予受理裁定书之日起三十日内向劳动争议仲裁机构所在地的中级人民法院申请撤销该仲裁裁决；已经受理的，裁定驳回起诉。

第十九条 仲裁裁决书未载明该裁决为终局裁决或者非终局裁决，劳动者依据调解仲裁法第四十七条第一项规定，追索劳动报酬、工伤医疗费、经济补偿或者赔偿金，如果仲裁裁决涉及数项，每项确定的数额均不超过当地月最低工资标准十二个月金额的，应当按照终局裁决处理。

第二十条 劳动争议仲裁机构作出的同一仲裁裁决同时包含终局裁决事项和非终局裁决事项，当事人不服该仲裁裁决向人民法院提起诉讼的，应当按照非终局裁决处理。

第二十一条 劳动者依据调解仲裁法第四十八条规定向基层人民法院提起诉讼，用人单位依据调解仲裁法第四十九条规定向劳动争议仲裁机构所在地的中级人民法院申请撤销仲裁裁决的，中级人民法院应当不予受理；已经受理的，应当裁定驳回申请。

被人民法院驳回起诉或者劳动者撤诉的，用人单位可以自收到裁定书之日起三十日内，向劳动争议仲裁机构所在地的中级人民法院申请撤销仲裁裁决。

第二十二条 用人单位依据调解仲裁法第四十九条规定向中级人民法院申请撤销仲裁裁决，中级人民法院作出的驳回申请或者撤销仲裁裁决的裁定为终审裁定。

第二十三条 中级人民法院审理用人单位申请撤销终局裁决的案件，应当组成合议庭开庭审理。经过阅卷、调查和询问当事人，对没有新的事实、证据或者理由，合议庭认为不需要开庭审理的，可以不开庭审理。

中级人民法院可以组织双方当事人调解。达成调解协议的，可以制作调解书。一方当事人逾期不履行调解协议的，另一方可以申请人民法院强制执行。

第二十四条 当事人申请人民法院执行劳动争议仲裁机构作出的发生法律效力的裁决书、调解书，被申请人提出证据证明劳动争议仲裁裁决书、调解书有下列情形之一，并经审查核实的，人民法院可以根据民事诉讼法第二百三十七条规定，裁定不予执行：

（一）裁决的事项不属于劳动争议仲裁范围，或者劳动争议仲裁机构无权仲裁的；

（二）适用法律、法规确有错误的；

（三）违反法定程序的；

（四）裁决所根据的证据是伪造的；

（五）对方当事人隐瞒了足以影响公正裁决的证据的；

（六）仲裁员在仲裁该案时有索贿受贿、徇私舞弊、枉法裁决行为的；

（七）人民法院认定执行该劳动争议仲裁裁决违背社会公共利益的。

人民法院在不予执行的裁定书中，应当告知当事人在收到裁定书之次日起三十日内，可以就该劳动争议事项向人民法院提起诉讼。

第二十五条 劳动争议仲裁机构作出终局裁决，劳动者向人民法院申请执行，用人单位向劳动争议仲裁机构所在地的中级人民法院申请撤销的，人民法院应当裁定中止执行。

用人单位撤回撤销终局裁决申请或者其申请被驳回的，人民法院应当裁定恢复执行。仲裁裁决被撤销的，人民法院应当裁定终结执行。

用人单位向人民法院申请撤销仲裁裁决被驳回后，又在执行程序中以相同理由提出不予执行抗辩的，人民法院不予支持。

第二十六条 用人单位与其它单位合并的，合并前发生的劳动争议，由合并后的单位为当事人；用人单位分立为若干单位的，其分立前发生的劳动争议，由分立后的实际用人单位为当事人。

用人单位分立为若干单位后，具体承受劳动权利义务的单位不明确的，分立后的单位均为当事人。

第二十七条 用人单位招用尚未解除劳动合同的劳动者，原用人单位与劳动者发生的劳动争议，可以列新的用人单位为第三人。

原用人单位以新的用人单位侵权为由提起诉讼的，可以列劳动者为第三人。

原用人单位以新的用人单位和劳动者共同侵权为由提起诉讼的，新的用人单位和劳动者列为共同被告。

第二十八条 劳动者在用人单位与其他平等主体之间的承包经营期间，与发包方和承包方双方或者一方发生劳动争议，依法提起诉讼的，应当将承包方和发包方作为当事人。

第二十九条 劳动者与未办理营业执照、营业执照被吊销或者营业期限届满仍继续经营的用人单位发生争议的，应当将用人单位或者其出资人列为当事人。

第三十条 未办理营业执照、营业执照被吊销或者营业期限届满仍继续经营的用人单位，以挂靠等方式借用他人营业执照经营的，应当将用人单位和营业执照出借方列为当事人。

第三十一条 当事人不服劳动争议仲裁机构作出的仲裁裁决，依法提起诉讼，人民法院审查认为仲裁裁决遗漏了必须共同参加仲裁的当事人的，应当依法追加遗漏的人为诉讼当事人。

被追加的当事人应当承担责任的，人民法院应当一并处理。

第三十二条 用人单位与其招用的已经依法享受养老保险待遇或者领取退休金的人员发生用工争议而提起诉讼的，人民法院应当按劳务关系处理。

企业停薪留职人员、未达到法定退休年龄的内退人员、下岗待岗人员以及企业经营性停产放长假人员，因与新的用人单位发生用工争议而提起诉讼的，人民法院应当按劳动关系处理。

第三十三条 外国人、无国籍人未依法取得就业证件即与中华人民共和国境内的用人单位签订劳动合同，当事人请求确认与用人单位存在劳动关系的，人民法院不予支持。

持有《外国专家证》并取得《外国人来华工作许可证》的外国人，与中华人民共和国境内的用人单位建立用工关系的，可以认定为劳动关系。

第三十四条 劳动合同期满后，劳动者仍在原用人单位工作，原用人单位未表示异议的，视为双方同意以原条件继续履行劳动合同。一方提出终止劳动关系的，人民法院应予支持。

根据劳动合同法第十四条规定，用人单位应当与劳动者签订无固定期限劳动合同而未签订的，人民法院可以视为双方之间存在无固定期限劳动合同关系，并以原劳动合同确定双方的权利义务关系。

第三十五条 劳动者与用人单位就解除或者终止劳动合同办理相关手续、支付工资报酬、加班费、经济补偿或者赔偿金等达成的协议，不违反法律、行政法规的强制性规定，且不存在欺诈、胁迫或者乘人之危情形的，应当认定有效。

前款协议存在重大误解或者显失公平情形，当事人请求撤销的，人民法院应予支持。

第三十六条 当事人在劳动合同或者保密协议中约定了竞业限制，但未约定解除或者终止劳动合同后给予劳动者经济补偿，劳动者履行了竞业限制义务，要求用人单位按照劳动者在劳动合同解除或者终止前十二个月平均工资的30%按月支付经济补偿的，人民法院应予支持。

前款规定的月平均工资的30%低于劳动合同履行地最低工资标准的，按照劳动合同履行地最低工资标准支付。

第三十七条 当事人在劳动合同或者保密协议中约定了竞业限制和经济补偿，当事人解除劳动合同时，除另有约定外，用人单位要求劳动者履行竞业限制义务，或者劳动者履行了竞业限制义务后要求用人单位支付经济补偿的，人民法院应予支持。

第三十八条 当事人在劳动合同或者保密协议中约定了竞业限制和经济补偿，劳动合同解除或者终止后，因用人单位的原因导致三个月未支付经济补偿，劳动者请求解除竞业限制约定的，人民法院应予支持。

第三十九条 在竞业限制期限内，用人单位请求解除竞业限制协议的，人民法院应予支持。

在解除竞业限制协议时，劳动者请求用人单位额外支付劳动者三个月的竞业限制经济补偿的，人民法院应予支持。

第四十条 劳动者违反竞业限制约定，向用人单位支付违约金后，用人单位要求劳动者按照约定继续履行竞业限制义务的，人民法院应予支持。

第四十一条 劳动合同被确认为无效，劳动者已付出劳动的，用人单位应当按照劳动合同法第二十八条、第四十六条、第四十七条的规定向劳动者支付劳动报酬和经济补偿。

由于用人单位原因订立无效劳动合同，给劳动者造成损害的，用人单位应当赔偿劳动者因合同无效所造成的经济损失。

第四十二条 劳动者主张加班费的，应当就加班事实的存在承担举证责任。但劳动者有证据证明用人单位掌握加班事实存在的证据，用人单位不提供的，由用人单位承担不利后果。

第四十三条 用人单位与劳动者协商一致变更劳动合同，虽未采用书面形式，但已经实际履行了口头变更的劳动合同超过一个月，变更后的劳动合同内容不违反法律、行政法规且不违背公序良俗，当事人以未采用书面形式为由主张劳动合同变更无效的，人民法院不予支持。

第四十四条 因用人单位作出的开除、除名、辞退、解除劳动合同、减少劳动报酬、计算劳动者工作年限等决定而发生的劳动争议，用人单位负举证责任。

第四十五条 用人单位有下列情形之一，迫使劳动者提出解除劳动合同的，用人单位应当支付劳动者的劳动报酬和经济补偿，并可支付赔偿金：

（一）以暴力、威胁或者非法限制人身自由的手段强迫劳动的；

（二）未按照劳动合同约定支付劳动报酬或者提供劳动条件的；

（三）克扣或者无故拖欠劳动者工资的；

（四）拒不支付劳动者延长工作时间工资报酬的；

（五）低于当地最低工资标准支付劳动者工资的。

第四十六条 劳动者非因本人原因从原用人单位被安排到新用人单位工作，原用人单位未支付经济补偿，劳动者依据劳动合同法第三十八条规定与新用人单位解除劳动合同，或者新用人单位向劳动者提出解除、终止劳动合同，在计算支付经济补偿或赔偿金的工作年限时，劳动者请求把在原用人单位的工作年限合并计算为新用人单位工作年限的，人民法院应予支持。

用人单位符合下列情形之一的，应当认定属于“劳动者非因本人原因从原用人单位被安排到新用人单位工作”：

（一）劳动者仍在原工作场所、工作岗位工作，劳动合同主体由原用人单位变更为新用人单位；

（二）用人单位以组织委派或任命形式对劳动者进行工作调动；

（三）因用人单位合并、分立等原因导致劳动者工作调动；

（四）用人单位及其关联企业与劳动者轮流订立劳动合同；

（五）其他合理情形。

第四十七条 建立了工会组织的用人单位解除劳动合同符合劳动合同法第三十九条、第四十条规定，但未按照劳动合同法第四十三条规定事先通知工会，劳动者以用人单位违法解除劳动合同为由请求用人单位支付赔偿金的，人民法院应予支持，但起诉前用人单位已经补正有关程序的除外。

第四十八条 劳动合同法施行后，因用人单位经营期限届满不再继续经营导致劳动合同不能继续履行，劳动者请求用人单位支付经济补偿的，人民法院应予支持。

第四十九条 在诉讼过程中，劳动者向人民法院申请采取财产保全措施，人民法院经审查认为申请人经济确有困难，或者有证据证明用人单位存在欠薪逃匿可能的，应当减轻或者免除劳动者提供担保的义务，及时采取保全措施。

人民法院作出的财产保全裁定中，应当告知当事人在劳动争议仲裁机构的裁决书或者在人民法院的裁判文书生效后三个月内申请强制执行。逾期不申请的，人民法院应当裁定解除保全措施。

第五十条 用人单位根据劳动合同法第四条规定，通过民主程序制定的规章制度，不违反国家法律、行政法规及政策规定，并已向劳动者公示的，可以作为确定双方权利义务的依据。

用人单位制定的内部规章制度与集体合同或者劳动合同约定的内容不一致，劳动者请求优先适用合同约定的，人民法院应予支持。

第五十一条 当事人在调解仲裁法第十条规定的调解组织主持下达成的具有劳动权利义务内容的调解协议，具有劳动合同的约束力，可以作为人民法院裁判的根据。

当事人在调解仲裁法第十条规定的调解组织主持下仅就劳动报酬争议达成调解协议，用人单位不履行调解协议确定的给付义务，劳动者直接提起诉讼的，人民法院可以按照普通民事纠纷受理。

第五十二条 当事人在人民调解委员会主持下仅就给付义务达成的调解协议，双方认为有必要的，可以共同向人民调解委员会所在地的基层人民法院申请司法确认。

第五十三条 用人单位对劳动者作出的开除、除名、辞退等处理，或者因其他原因解除劳动合同确有错误的，人民法院可以依法判决予以撤销。

对于追索劳动报酬、养老金、医疗费以及工伤保险待遇、经济补偿金、培训费及其他相关费用等案件，给付数额不当的，人民法院可以予以变更。

第五十四条 本解释自 2021 年 1 月 1 日起施行。

劳动人事争议仲裁组织规则

（2017 年 5 月 8 日人力资源和社会保障部令第 34 号公布
自 2017 年 7 月 1 日起施行）

第一章　总　　则

第一条　为公正及时处理劳动人事争议（以下简称争议），根据《中华人民共和国劳动争议调解仲裁法》（以下简称调解仲裁法）和《中华人民共和国公务员法》、《事业单位人事管理条例》、《中国人民解放军文职人员条例》等有关法律、法规，制定本规则。

第二条　劳动人事争议仲裁委员会（以下简称仲裁委员会）由人民政府依法设立，专门处理争议案件。

第三条　人力资源社会保障行政部门负责指导本行政区域的争议调解仲裁工作，组织协调处理跨地区、有影响的重大争议，负责仲裁员的管理、培训等工作。

第二章　仲裁委员会及其办事机构

第四条　仲裁委员会按照统筹规划、合理布局和适应实际需要的原则设立，由省、自治区、直辖市人民政府依法决定。

第五条　仲裁委员会由干部主管部门代表、人力资源社会保障等相关行政部门代表、军队文职人员工作管理部门代表、工会代表和用人单位方面代表等组成。

仲裁委员会组成人员应当是单数。

第六条　仲裁委员会设主任一名，副主任和委员若干名。

仲裁委员会主任由政府负责人或者人力资源社会保障行政部门主要负责人担任。

第七条 仲裁委员会依法履行下列职责：

（一）聘任、解聘专职或者兼职仲裁员；

（二）受理争议案件；

（三）讨论重大或者疑难的争议案件；

（四）监督本仲裁委员会的仲裁活动；

（五）制定本仲裁委员会的工作规则；

（六）其他依法应当履行的职责。

第八条 仲裁委员会应当每年至少召开两次全体会议，研究本仲裁委员会职责履行情况和重要工作事项。

仲裁委员会主任或者三分之一以上的仲裁委员会组成人员提议召开仲裁委员会会议的，应当召开。

仲裁委员会的决定实行少数服从多数原则。

第九条 仲裁委员会下设实体化的办事机构，具体承担争议调解仲裁等日常工作。办事机构称为劳动人事争议仲裁院（以下简称仲裁院），设在人力资源社会保障行政部门。

仲裁院对仲裁委员会负责并报告工作。

第十条 仲裁委员会的经费依法由财政予以保障。仲裁经费包括人员经费、公用经费、仲裁专项经费等。

仲裁院可以通过政府购买服务等方式聘用记录人员、安保人员等办案辅助人员。

第十一条 仲裁委员会组成单位可以派兼职仲裁员常驻仲裁院，参与争议调解仲裁活动。

第三章 仲 裁 庭

第十二条 仲裁委员会处理争议案件实行仲裁庭制度，实行一案一庭制。

仲裁委员会可以根据案件处理实际需要设立派驻仲裁庭、巡回仲裁庭、流动仲裁庭，就近就地处理争议案件。

第十三条 处理下列争议案件应当由三名仲裁员组成仲裁庭，设首席仲裁员：

（一）十人以上并有共同请求的争议案件；

（二）履行集体合同发生的争议案件；

（三）有重大影响或者疑难复杂的争议案件；

（四）仲裁委员会认为应当由三名仲裁员组庭处理的其他争议案件。

简单争议案件可以由一名仲裁员独任仲裁。

第十四条 记录人员负责案件庭审记录等相关工作。

记录人员不得由本庭仲裁员兼任。

第十五条 仲裁庭组成不符合规定的，仲裁委员会应当予以撤销并重新组庭。

第十六条 仲裁委员会应当有专门的仲裁场所。仲裁场所应当悬挂仲裁徽章，张贴仲裁庭纪律及注意事项等，并配备仲裁庭专业设备、档案储存设备、安全监控设备和安检设施等。

第十七条 仲裁工作人员在仲裁活动中应当统一着装，佩戴仲裁徽章。

第四章 仲 裁 员

第十八条 仲裁员是由仲裁委员会聘任、依法调解和仲裁争议案件的专业工作人员。

仲裁员分为专职仲裁员和兼职仲裁员。专职仲裁员和兼职仲裁员在调解仲裁活动中享有同等权利，履行同等义务。

兼职仲裁员进行仲裁活动，所在单位应当予以支持。

第十九条 仲裁委员会应当依法聘任一定数量的专职仲裁员，也可以根据办案工作需要，依法从干部主管部门、人力资源社会保障行政部门、军队文职人员工作管理部门、工会、企业组织等相关机构的人员以及专家学者、律师中聘任兼职仲裁员。

第二十条 仲裁员享有以下权利：

（一）履行职责应当具有的职权和工作条件；

（二）处理争议案件不受干涉；

（三）人身、财产安全受到保护；

（四）参加聘前培训和在职培训；

（五）法律、法规规定的其他权利。

第二十一条 仲裁员应当履行以下义务：

（一）依法处理争议案件；

（二）维护国家利益和公共利益，保护当事人合法权益；

（三）严格执行廉政规定，恪守职业道德；

（四）自觉接受监督；

（五）法律、法规规定的其他义务。

第二十二条 仲裁委员会聘任仲裁员时，应当从符合调解仲裁法第二十条规定的仲裁员条件的人员中选聘。

仲裁委员会应当根据工作需要，合理配备专职仲裁员和办案辅助人员。专职仲裁员数量不得少于三名，办案辅助人员不得少于一名。

第二十三条 仲裁委员会应当设仲裁员名册，并予以公告。

省、自治区、直辖市人力资源社会保障行政部门应当将本行政区域内仲裁委员会聘任的仲裁员名单报送人力资源社会保障部备案。

第二十四条 仲裁员聘期一般为五年。仲裁委员会负责仲裁员考核，考核结果作为解聘和续聘仲裁员的依据。

第二十五条 仲裁委员会应当制定仲裁员工作绩效考核标准，重点考核办案质量和效率、工作作风、遵纪守法情况等。考核结果分为优秀、合格、不合格。

第二十六条 仲裁员有下列情形之一的，仲裁委员会应当予以解聘：

（一）聘期届满不再续聘的；

（二）在聘期内因工作岗位变动或者其他原因不再履行仲裁员职责的；

（三）年度考核不合格的；

（四）因违纪、违法犯罪不能继续履行仲裁员职责的；

（五）其他应当解聘的情形。

第二十七条 人力资源社会保障行政部门负责对拟聘任的仲裁员进行聘前培训。

拟聘为省、自治区、直辖市仲裁委员会仲裁员及副省级市仲裁委员会仲裁员的，参加人力资源社会保障部组织的聘前培训；拟聘为地（市）、县（区）仲裁委员会仲裁员的，参加省、自治区、直辖市人力资源社会保障行政部门组织的仲裁员聘前培训。

第二十八条 人力资源社会保障行政部门负责每年对本行政区域内的仲裁员进行政治思想、职业道德、业务能力和作风建设培训。

仲裁员每年脱产培训的时间累计不少于四十学时。

第二十九条 仲裁委员会应当加强仲裁员作风建设，培育和弘扬具有行业特色的仲裁文化。

第三十条 人力资源社会保障部负责组织制定仲裁员培训大纲，开发培训教材，建立师资库和考试题库。

第三十一条 建立仲裁员职业保障机制，拓展仲裁员职业发展空间。

第五章 仲裁监督

第三十二条 仲裁委员会应当建立仲裁监督制度，对申请受理、办案程序、处理结果、仲裁工作人员行为等进行监督。

第三十三条 仲裁员不得有下列行为：

（一）徇私枉法，偏袒一方当事人；

（二）滥用职权，侵犯当事人合法权益；

（三）利用职权为自己或者他人谋取私利；

（四）隐瞒证据或者伪造证据；

（五）私自会见当事人及其代理人，接受当事人及其代理人的请客送礼；

（六）故意拖延办案、玩忽职守；

（七）泄露案件涉及的国家秘密、商业秘密和个人隐私或者擅自透露案件处理情况；

（八）在受聘期间担任所在仲裁委员会受理案件的代理人；

（九）其他违法违纪的行为。

第三十四条 仲裁员有本规则第三十三条规定情形的，仲裁委员会视情节轻重，给予批评教育、解聘等处理；被解聘的，五年内不得再次被聘为仲裁员。仲裁员所在单位根据国家有关规定对其给予处分；构成犯罪的，依法追究刑事责任。

第三十五条 记录人员等办案辅助人员应当认真履行职责，严守工作纪律，不得有玩忽职守、偏袒一方当事人、泄露案件涉及的国家秘密、商业秘密和个人隐私或者擅自透露案件处理情况等行为。

办案辅助人员违反前款规定的，应当按照有关法律法规和本规则第三十四条的规定处理。

第六章　附　　则

第三十六条　被聘任为仲裁员的，由人力资源社会保障部统一免费发放仲裁员证和仲裁徽章。

第三十七条　仲裁委员会对被解聘、辞职以及其他原因不再聘任的仲裁员，应当及时收回仲裁员证和仲裁徽章，并予以公告。

第三十八条　本规则自 2017 年 7 月 1 日起施行。2010 年 1 月 20 日人力资源社会保障部公布的《劳动人事争议仲裁组织规则》（人力资源和社会保障部令第 5 号）同时废止。

劳动人事争议仲裁办案规则

（2017 年 5 月 8 日人力资源和社会保障部令第 33 号公布
自 2017 年 7 月 1 日起施行）

第一章　总　　则

第一条　为公正及时处理劳动人事争议（以下简称争议），规范仲裁办案程序，根据《中华人民共和国劳动争议调解仲裁法》（以下简称调解仲裁法）以及《中华人民共和国公务员法》（以下简称公务员法）、《事业单位人事管理条例》、《中国人民解放军文职人员条例》和有关法律、法规、国务院有关规定，制定本规则。

第二条　本规则适用下列争议的仲裁：

（一）企业、个体经济组织、民办非企业单位等组织与劳动者之间，以及机关、事业单位、社会团体与其建立劳动关系的劳动者之间，因确认劳动关系，订立、履行、变更、解除和终止劳动合同，工作时间、休息休假、社会保险、福利、培训以及劳动保护，劳动报酬、工伤医疗费、经济补偿或者赔偿金等发生的争议；

（二）实施公务员法的机关与聘任制公务员之间、参照公务员法管理的机关（单位）与聘任工作人员之间因履行聘任合同发生的争议；

（三）事业单位与其建立人事关系的工作人员之间因终止人事关系以及履行聘用合同发生的争议；

（四）社会团体与其建立人事关系的工作人员之间因终止人事关系以及履行聘用合同发生的争议；

（五）军队文职人员用人单位与聘用制文职人员之间因履行聘用合同发生的争议；

（六）法律、法规规定由劳动人事争议仲裁委员会（以下简称仲裁委员会）处理的其他争议。

第三条 仲裁委员会处理争议案件，应当遵循合法、公正的原则，先行调解，及时裁决。

第四条 仲裁委员会下设实体化的办事机构，称为劳动人事争议仲裁院（以下简称仲裁院）。

第五条 劳动者一方在十人以上并有共同请求的争议，或者因履行集体合同发生的劳动争议，仲裁委员会应当优先立案，优先审理。

第二章 一般规定

第六条 发生争议的用人单位未办理营业执照、被吊销营业执照、营业执照到期继续经营、被责令关闭、被撤销以及用人单位解散、歇业，不能承担相关责任的，应当将用人单位和其出资人、开办单位或者主管部门作为共同当事人。

第七条 劳动者与个人承包经营者发生争议，依法向仲裁委员会申请仲裁的，应当将发包的组织和个人承包经营者作为共同当事人。

第八条 劳动合同履行地为劳动者实际工作场所地，用人单位所在地为用人单位注册、登记地或者主要办事机构所在地。用人单位未经注册、登记的，其出资人、开办单位或者主管部门所在地为用人单位所在地。

双方当事人分别向劳动合同履行地和用人单位所在地的仲裁委员会申请仲裁的，由劳动合同履行地的仲裁委员会管辖。有多个劳动合同履行地的，由最先受理的仲裁委员会管辖。劳动合同履行地不明确的，由用人单位所在地的仲裁委员会管辖。

案件受理后，劳动合同履行地或者用人单位所在地发生变化的，不改变争议仲裁的管辖。

第九条 仲裁委员会发现已受理案件不属于其管辖范围的，应当移送至有管辖权的仲裁委员会，并书面通知当事人。

对上述移送案件，受移送的仲裁委员会应当依法受理。受移送的仲裁委员会认为移送的案件按照规定不属于其管辖，或者仲裁委员会之间因管辖争议协商不成的，应当报请共同的上一级仲裁委员会主管部门指定管辖。

第十条 当事人提出管辖异议的，应当在答辩期满前书面提出。仲裁委员会应当审查当事人提出的管辖异议，异议成立的，将案件移送至有管辖权的仲裁委员会并书面通知当事人；异议不成立的，应当书面决定驳回。

当事人逾期提出的，不影响仲裁程序的进行。

第十一条 当事人申请回避，应当在案件开庭审理前提出，并说明理由。回避事由在案件开庭审理后知晓的，也可以在庭审辩论终结前提出。

当事人在庭审辩论终结后提出回避申请的，不影响仲裁程序的进行。

仲裁委员会应当在回避申请提出的三日内，以口头或者书面形式作出决定。以口头形式作出的，应当记入笔录。

第十二条 仲裁员、记录人员是否回避，由仲裁委员会主任或者其委托的仲裁院负责人决定。仲裁委员会主任担任案件仲裁员是否回避，由仲裁委员会决定。

在回避决定作出前，被申请回避的人员应当暂停参与该案处理，但因案件需要采取紧急措施的除外。

第十三条 当事人对自己提出的主张有责任提供证据。与争议事项有关的证据属于用人单位掌握管理的，用人单位应当提供；用人单位不提供的，应当承担不利后果。

第十四条 法律没有具体规定、按照本规则第十三条规定无法确定举证责任承担的，仲裁庭可以根据公平原则和诚实信用原则，综合当事人举证能力等因素确定举证责任的承担。

第十五条 承担举证责任的当事人应当在仲裁委员会指定的期限内提供有关证据。当事人在该期限内提供证据确有困难的，可以向仲裁委员会申请延长期限，仲裁委员会根据当事人的申请适当延长。当事人逾期提供证据的，仲裁委员会应当责令其说明理由；拒不说明理由或者理由不成立的，仲裁委员会可以根据不同情形不予采纳该证据，或者采纳该证据但予以训诫。

第十六条 当事人因客观原因不能自行收集的证据，仲裁委员会可以根据当事人的申请，参照民事诉讼有关规定予以收集；仲裁委员会认为有必要的，也可以决定参照民事诉讼有关规定予以收集。

第十七条 仲裁委员会依法调查取证时，有关单位和个人应当协助配合。

仲裁委员会调查取证时，不得少于两人，并应当向被调查对象出示工作证件和仲裁委员会出具的介绍信。

第十八条 争议处理中涉及证据形式、证据提交、证据交换、证据质证、证据认定等事项，本规则未规定的，可以参照民事诉讼证据规则的有关规定执行。

第十九条 仲裁期间包括法定期间和仲裁委员会指定期间。

仲裁期间的计算，本规则未规定的，仲裁委员会可以参照民事诉讼关于期间计算的有关规定执行。

第二十条 仲裁委员会送达仲裁文书必须有送达回证，由受送达人在送达回证上记明收到日期，并签名或者盖章。受送达人在送达回证上的签收日期为送达日期。

因企业停业等原因导致无法送达且劳动者一方在十人以上的，或者受送达人拒绝签收仲裁文书的，通过在受送达人住所留置、张贴仲裁文书，并采用拍照、录像等方式记录的，自留置、张贴之日起经过三日即视为送达，不受本条第一款的限制。

仲裁文书的送达方式，本规则未规定的，仲裁委员会可以参照民事诉讼关于送达方式的有关规定执行。

第二十一条 案件处理终结后，仲裁委员会应当将处理过程中形成的全部材料立卷归档。

第二十二条 仲裁案卷分正卷和副卷装订。

正卷包括：仲裁申请书、受理（不予受理）通知书、答辩书、当事人及其他仲裁参加人的身份证明材料、授权委托书、调查证据、勘验笔录、当事人提供的证据材料、委托鉴定材料、开庭通知、庭审笔录、延期通知书、撤回仲裁申请书、调解书、裁决书、决定书、案件移送函、送达回证等。

副卷包括：立案审批表、延期审理审批表、中止审理审批表、调查提纲、阅卷笔录、会议笔录、评议记录、结案审批表等。

第二十三条 仲裁委员会应当建立案卷查阅制度。对案卷正卷材料，应当允许当事人及其代理人依法查阅、复制。

第二十四条 仲裁裁决结案的案卷，保存期不少于十年；仲裁调解和其他方式结案的案卷，保存期不少于五年；国家另有规定的，从其规定。

保存期满后的案卷，应当按照国家有关档案管理的规定处理。

第二十五条 在仲裁活动中涉及国家秘密或者军事秘密的，按照国家或者军队有关保密规定执行。

当事人协议不公开或者涉及商业秘密和个人隐私的，经相关当事人书面申请，仲裁委员会应当不公开审理。

第三章 仲裁程序

第一节 申请和受理

第二十六条 本规则第二条第（一）、（三）、（四）、（五）项规定的争议，申请仲裁的时效期间为一年。仲裁时效期间从当事人知道或者应当知道其权利被侵害之日起计算。

本规则第二条第（二）项规定的争议，申请仲裁的时效期间适用公务员法有关规定。

劳动人事关系存续期间因拖欠劳动报酬发生争议的，劳动者申请仲裁不受本条第一款规定的仲裁时效期间的限制；但是，劳动人事关系终止的，应当自劳动人事关系终止之日起一年内提出。

第二十七条 在申请仲裁的时效期间内，有下列情形之一的，仲裁时效中断：

（一）一方当事人通过协商、申请调解等方式向对方当事人主张权利的；

（二）一方当事人通过向有关部门投诉，向仲裁委员会申请仲裁，向人民法院起诉或者申请支付令等方式请求权利救济的；

（三）对方当事人同意履行义务的。

从中断时起，仲裁时效期间重新计算。

第二十八条 因不可抗力，或者有无民事行为能力或者限制民事行为能力劳动者的法定代理人未确定等其他正当理由，当事人不能在规定的仲裁时效期间申请仲裁的，仲裁时效中止。从中止时效的原因消除之日起，仲裁时效期间继续计算。

第二十九条 申请人申请仲裁应当提交书面仲裁申请，并按照被申请人人数提交副本。

仲裁申请书应当载明下列事项：

（一）劳动者的姓名、性别、出生日期、身份证件号码、住所、通讯地址和联系电话，用人单位的名称、住所、通讯地址、联系电话和法定代表人或者主要负责人的姓名、职务；

（二）仲裁请求和所根据的事实、理由；

（三）证据和证据来源，证人姓名和住所。

书写仲裁申请确有困难的，可以口头申请，由仲裁委员会记入笔录，经申请人签名、盖章或者捺印确认。

对于仲裁申请书不规范或者材料不齐备的，仲裁委员会应当当场或者在五日内一次性告知申请人需要补正的全部材料。

仲裁委员会收取当事人提交的材料应当出具收件回执。

第三十条 仲裁委员会对符合下列条件的仲裁申请应当予以受理，并在收到仲裁申请之日起五日内向申请人出具受理通知书：

（一）属于本规则第二条规定的争议范围；

（二）有明确的仲裁请求和事实理由；

（三）申请人是与本案有直接利害关系的自然人、法人或者其他组织，有明确的被申请人；

（四）属于本仲裁委员会管辖范围。

第三十一条 对不符合本规则第三十条第（一）、（二）、（三）项规定之一的仲裁申请，仲裁委员会不予受理，并在收到仲裁申请之日起五日内向申请人出具不予受理通知书；对不符合本规则第三十条第（四）项规定的仲裁申请，仲裁委员会应当在收到仲裁申请之日起五日内，向申请人作出书面说明并告知申请人向有管辖权的仲裁委员会申请仲裁。

对仲裁委员会逾期未作出决定或者决定不予受理的，申请人可以就该争议事项向人民法院提起诉讼。

第三十二条 仲裁委员会受理案件后，发现不应当受理的，除本规则第九条规定外，应当撤销案件，并自决定撤销案件后五日内，以决定书的形式通知当事人。

第三十三条 仲裁委员会受理仲裁申请后，应当在五日内将仲裁申请书副本送达被申请人。

被申请人收到仲裁申请书副本后，应当在十日内向仲裁委员会提交答辩书。仲裁委员会收到答辩书后，应当在五日内将答辩书副本送达申请人。被申请人逾期未提交答辩书的，不影响仲裁程序的进行。

第三十四条 符合下列情形之一，申请人基于同一事实、理由和仲裁请求又申请仲裁的，仲裁委员会不予受理：

（一）仲裁委员会已经依法出具不予受理通知书的；

（二）案件已在仲裁、诉讼过程中或者调解书、裁决书、判决书已经发生法律效力的。

第三十五条 仲裁处理结果作出前，申请人可以自行撤回仲裁申请。申请人再次申请仲裁的，仲裁委员会应当受理。

第三十六条 被申请人可以在答辩期间提出反申请，仲裁委员会应当自收到被申请人反申请之日起五日内决定是否受理并通知被申请人。

决定受理的，仲裁委员会可以将反申请和申请合并处理。

反申请应当另行申请仲裁的，仲裁委员会应当书面告知被申请人另行申请仲裁；反申请不属于本规则规定应当受理的，仲裁委员会应当向被申请人出具不予受理通知书。

被申请人答辩期满后对申请人提出反申请的，应当另行申请仲裁。

第二节 开庭和裁决

第三十七条 仲裁委员会应当在受理仲裁申请之日起五日内组成仲裁庭并将仲裁庭的组成情况书面通知当事人。

第三十八条 仲裁庭应当在开庭五日前，将开庭日期、地点书面通知双方当事人。当事人有正当理由的，可以在开庭三日前请求延期开庭。是否延期，由仲裁委员会根据实际情况决定。

第三十九条 申请人收到书面开庭通知，无正当理由拒不到庭或者未经仲裁庭同意中途退庭的，可以按撤回仲裁申请处理；申请人重新申请仲裁的，仲裁委员会不予受理。被申请人收到书面开庭通知，无正当理由拒不到庭或者未经仲裁庭同意中途退庭的，仲裁庭可以继续开庭审理，并缺席裁决。

第四十条 当事人申请鉴定的，鉴定费由申请鉴定方先行垫付，案件处理终结后，由鉴定结果对其不利方负担。鉴定结果不明确的，由申请鉴定方负担。

第四十一条 开庭审理前，记录人员应当查明当事人和其他仲裁参与人是否到庭，宣布仲裁庭纪律。

开庭审理时，由仲裁员宣布开庭、案由和仲裁员、记录人员名单，核对当事人，告知当事人有关的权利义务，询问当事人是否提出回避申请。

开庭审理中，仲裁员应当听取申请人的陈述和被申请人的答辩，主持庭审调查、质证和辩论、征询当事人最后意见，并进行调解。

第四十二条 仲裁庭应当将开庭情况记入笔录。当事人或者其他仲裁参与人认为对自己陈述的记录有遗漏或者差错的，有权当庭申请补正。仲裁庭认为申请无理由或者无必要的，可以不予补正，但是应当记录该申请。

仲裁员、记录人员、当事人和其他仲裁参与人应当在庭审笔录上签名或者盖章。当事人或者其他仲裁参与人拒绝在庭审笔录上签名或者盖章的，仲裁庭应当记明情况附卷。

第四十三条 仲裁参与人和其他人应当遵守仲裁庭纪律，不得有下列行为：

（一）未经准许进行录音、录像、摄影；

（二）未经准许以移动通信等方式现场传播庭审活动；

（三）其他扰乱仲裁庭秩序、妨害审理活动进行的行为。

仲裁参与人或者其他人有前款规定的情形之一的，仲裁庭可以训诫、责令退出仲裁庭，也可以暂扣进行录音、录像、摄影、传播庭审活动的器材，并责令其删除有关内容。拒不删除的，可以采取必要手段强制删除，并将上述事实记入庭审笔录。

第四十四条 申请人在举证期限届满前可以提出增加或者变更仲裁请求；仲裁庭对申请人增加或者变更的仲裁请求审查后认为应当受理的，应当通知被申请人并给予答辩期，被申请人明确表示放弃答辩期的除外。

申请人在举证期限届满后提出增加或者变更仲裁请求的，应当另行申请仲裁。

第四十五条 仲裁庭裁决案件，应当自仲裁委员会受理仲裁申请之日起四十五日内结束。案情复杂需要延期的，经仲裁委员会主任或者其委托的仲裁院负责人书面批准，可以延期并书面通知当事人，但延长期限不得超过十五日。

第四十六条 有下列情形的，仲裁期限按照下列规定计算：

（一）仲裁庭追加当事人或者第三人的，仲裁期限从决定追加之日起重新计算；

（二）申请人需要补正材料的，仲裁委员会收到仲裁申请的时间从材料补正之日起重新计算；

（三）增加、变更仲裁请求的，仲裁期限从受理增加、变更仲裁请求之日起重新计算；

（四）仲裁申请和反申请合并处理的，仲裁期限从受理反申请之日起重新计算；

（五）案件移送管辖的，仲裁期限从接受移送之日起重新计算；

（六）中止审理期间、公告送达期间不计入仲裁期限内；

（七）法律、法规规定应当另行计算的其他情形。

第四十七条 有下列情形之一的，经仲裁委员会主任或者其委托的仲裁院负责人批准，可以中止案件审理，并书面通知当事人：

（一）劳动者一方当事人死亡，需要等待继承人表明是否参加仲裁的；

（二）劳动者一方当事人丧失民事行为能力，尚未确定法定代理人参加仲裁的；

（三）用人单位终止，尚未确定权利义务承继者的；

（四）一方当事人因不可抗拒的事由，不能参加仲裁的；

（五）案件审理需要以其他案件的审理结果为依据，且其他案件尚未审结的；

（六）案件处理需要等待工伤认定、伤残等级鉴定以及其他鉴定结论的；

（七）其他应当中止仲裁审理的情形。

中止审理的情形消除后，仲裁庭应当恢复审理。

第四十八条 当事人因仲裁庭逾期未作出仲裁裁决而向人民法院提起诉讼并立案受理的，仲裁委员会应当决定该案件终止审理；

当事人未就该争议事项向人民法院提起诉讼的，仲裁委员会应当继续处理。

第四十九条 仲裁庭裁决案件时，其中一部分事实已经清楚的，可以就该部分先行裁决。当事人对先行裁决不服的，可以按照调解仲裁法有关规定处理。

第五十条 仲裁庭裁决案件时，申请人根据调解仲裁法第四十七条第（一）项规定，追索劳动报酬、工伤医疗费、经济补偿或者赔偿金，如果仲裁裁决涉及数项，对单项裁决数额不超过当地月最低工资标准十二个月金额的事项，应当适用终局裁决。

前款经济补偿包括《中华人民共和国劳动合同法》（以下简称劳动合同法）规定的竞业限制期限内给予的经济补偿、解除或者终止劳动合同的经济补偿等；赔偿金包括劳动合同法规定的未签订书面劳动合同第二倍工资、违法约定试用期的赔偿金、违法解除或者终止劳动合同的赔偿金等。

根据调解仲裁法第四十七条第（二）项的规定，因执行国家的劳动标准在工作时间、休息休假、社会保险等方面发生的争议，应当适用终局裁决。

仲裁庭裁决案件时，裁决内容同时涉及终局裁决和非终局裁决的，应当分别制作裁决书，并告知当事人相应的救济权利。

第五十一条 仲裁庭对追索劳动报酬、工伤医疗费、经济补偿或者赔偿金的案件，根据当事人的申请，可以裁决先予执行，移送人民法院执行。

仲裁庭裁决先予执行的，应当符合下列条件：

（一）当事人之间权利义务关系明确；

（二）不先予执行将严重影响申请人的生活。

劳动者申请先予执行的，可以不提供担保。

第五十二条 裁决应当按照多数仲裁员的意见作出，少数仲裁员的不同意见应当记入笔录。仲裁庭不能形成多数意见时，裁决应当按照首席仲裁员的意见作出。

第五十三条 裁决书应当载明仲裁请求、争议事实、裁决理由、裁决结果、当事人权利和裁决日期。裁决书由仲裁员签名，加盖仲裁委员会印章。对裁决持不同意见的仲裁员，可以签名，也可以不签名。

第五十四条 对裁决书中的文字、计算错误或者仲裁庭已经裁决但在裁决书中遗漏的事项，仲裁庭应当及时制作决定书予以补正并送达当事人。

第五十五条 当事人对裁决不服向人民法院提起诉讼的，按照调解仲裁法有关规定处理。

第三节 简易处理

第五十六条 争议案件符合下列情形之一的，可以简易处理：

（一）事实清楚、权利义务关系明确、争议不大的；

（二）标的额不超过本省、自治区、直辖市上年度职工年平均工资的；

（三）双方当事人同意简易处理的。

仲裁委员会决定简易处理的，可以指定一名仲裁员独任仲裁，并应当告知当事人。

第五十七条 争议案件有下列情形之一的，不得简易处理：

（一）涉及国家利益、社会公共利益的；

（二）有重大社会影响的；

（三）被申请人下落不明的；

（四）仲裁委员会认为不宜简易处理的。

第五十八条 简易处理的案件，经与被申请人协商同意，仲裁庭可以缩短或者取消答辩期。

第五十九条 简易处理的案件，仲裁庭可以用电话、短信、传真、电子邮件等简便方式送达仲裁文书，但送达调解书、裁决书除外。

以简便方式送达的开庭通知，未经当事人确认或者没有其他证据证明当事人已经收到的，仲裁庭不得按撤回仲裁申请处理或者缺席裁决。

第六十条 简易处理的案件，仲裁庭可以根据案件情况确定举证期限、开庭日期、审理程序、文书制作等事项，但应当保障当事人陈述意见的权利。

第六十一条 仲裁庭在审理过程中，发现案件不宜简易处理的，应当在仲裁期限届满前决定转为按照一般程序处理，并告知当事人。

案件转为按照一般程序处理的，仲裁期限自仲裁委员会受理仲裁申请之日起计算，双方当事人已经确认的事实，可以不再进行举证、质证。

第四节 集体劳动人事争议处理

第六十二条 处理劳动者一方在十人以上并有共同请求的争议案件，或者因履行集体合同发生的劳动争议案件，适用本节规定。

符合本规则第五十六条第一款规定情形之一的集体劳动人事争议案件，可以简易处理，不受本节规定的限制。

第六十三条 发生劳动者一方在十人以上并有共同请求的争议的，劳动者可以推举三至五名代表参加仲裁活动。代表人参加仲裁的行为对其所代表的当事人发生效力，但代表人变更、放弃仲裁请求或者承认对方当事人的仲裁请求，进行和解，必须经被代表的当事人同意。

因履行集体合同发生的劳动争议，经协商解决不成的，工会可以依法申请仲裁；尚未建立工会的，由上级工会指导劳动者推举产生的代表依法申请仲裁。

第六十四条　仲裁委员会应当自收到当事人集体劳动人事争议仲裁申请之日起五日内作出受理或者不予受理的决定。决定受理的，应当自受理之日起五日内将仲裁庭组成人员、答辩期限、举证期限、开庭日期和地点等事项一次性通知当事人。

第六十五条　仲裁委员会处理集体劳动人事争议案件，应当由三名仲裁员组成仲裁庭，设首席仲裁员。

仲裁委员会处理因履行集体合同发生的劳动争议，应当按照三方原则组成仲裁庭处理。

第六十六条　仲裁庭处理集体劳动人事争议，开庭前应当引导当事人自行协商，或者先行调解。

仲裁庭处理集体劳动人事争议案件，可以邀请法律工作者、律师、专家学者等第三方共同参与调解。

协商或者调解未能达成协议的，仲裁庭应当及时裁决。

第六十七条　仲裁庭开庭场所可以设在发生争议的用人单位或者其他便于及时处理争议的地点。

第四章　调解程序

第一节　仲裁调解

第六十八条　仲裁委员会处理争议案件，应当坚持调解优先，引导当事人通过协商、调解方式解决争议，给予必要的法律释明以及风险提示。

第六十九条　对未经调解、当事人直接申请仲裁的争议，仲裁委员会可以向当事人发出调解建议书，引导其到调解组织进行调解。当事人同意先行调解的，应当暂缓受理；当事人不同意先行调解的，应当依法受理。

第七十条 开庭之前，经双方当事人同意，仲裁庭可以委托调解组织或者其他具有调解能力的组织、个人进行调解。

自当事人同意之日起十日内未达成调解协议的，应当开庭审理。

第七十一条 仲裁庭审理争议案件时，应当进行调解。必要时可以邀请有关单位、组织或者个人参与调解。

第七十二条 仲裁调解达成协议的，仲裁庭应当制作调解书。

调解书应当写明仲裁请求和当事人协议的结果。调解书由仲裁员签名，加盖仲裁委员会印章，送达双方当事人。调解书经双方当事人签收后，发生法律效力。

调解不成或者调解书送达前，一方当事人反悔的，仲裁庭应当及时作出裁决。

第七十三条 当事人就部分仲裁请求达成调解协议的，仲裁庭可以就该部分先行出具调解书。

第二节 调解协议的仲裁审查

第七十四条 经调解组织调解达成调解协议的，双方当事人可以自调解协议生效之日起十五日内，共同向有管辖权的仲裁委员会提出仲裁审查申请。

当事人申请审查调解协议，应当向仲裁委员会提交仲裁审查申请书、调解协议和身份证明、资格证明以及其他与调解协议相关的证明材料，并提供双方当事人的送达地址、电话号码等联系方式。

第七十五条 仲裁委员会收到当事人仲裁审查申请，应当及时决定是否受理。决定受理的，应当出具受理通知书。

有下列情形之一的，仲裁委员会不予受理：

（一）不属于仲裁委员会受理争议范围的；

（二）不属于本仲裁委员会管辖的；

（三）超出规定的仲裁审查申请期间的；

（四）确认劳动关系的；

（五）调解协议已经人民法院司法确认的。

第七十六条 仲裁委员会审查调解协议，应当自受理仲裁审查申请之日起五日内结束。因特殊情况需要延期的，经仲裁委员会主任或者其委托的仲裁院负责人批准，可以延长五日。

调解书送达前，一方或者双方当事人撤回仲裁审查申请的，仲裁委员会应当准许。

第七十七条 仲裁委员会受理仲裁审查申请后，应当指定仲裁员对调解协议进行审查。

仲裁委员会经审查认为调解协议的形式和内容合法有效的，应当制作调解书。调解书的内容应当与调解协议的内容相一致。调解书经双方当事人签收后，发生法律效力。

第七十八条 调解协议具有下列情形之一的，仲裁委员会不予制作调解书：

（一）违反法律、行政法规强制性规定的；

（二）损害国家利益、社会公共利益或者公民、法人、其他组织合法权益的；

（三）当事人提供证据材料有弄虚作假嫌疑的；

（四）违反自愿原则的；

（五）内容不明确的；

（六）其他不能制作调解书的情形。

仲裁委员会决定不予制作调解书的，应当书面通知当事人。

第七十九条 当事人撤回仲裁审查申请或者仲裁委员会决定不予制作调解书的，应当终止仲裁审查。

第五章 附 则

第八十条 本规则规定的“三日”、“五日”、“十日”指工作日，“十五日”、“四十五日”指自然日。

第八十一条 本规则自2017年7月1日起施行。2009年1月1日人力资源社会保障部公布的《劳动人事争议仲裁办案规则》（人力资源和社会保障部令第2号）同时废止。